María Luisa Parra Velasco

Enseñanza del español y juventud latina

ARCO/LIBROS, S. L.

Cuadernos de DIDÁCTICA del español/LE
Dirección: Francisco Moreno

© Editorial Arco/Libros-La Muralla, S. L., 2021
Juan Bautista de Toledo, 28. 28002 Madrid
ISBN: 978-84-7635-801-6
Depósito legal: M-28-2021
Printed in Spain - Impreso por Cimapress, S. L. (Madrid)

ÍNDICE

A mis estudiantes, mis mejores maestros.
A Guadalupe Valdés

INTRODUCCIÓN

La presencia de jóvenes de origen latinoamericano o "latinos" se aprecia cada vez más en las clases de español de educación media y superior alrededor del mundo. Esta presencia es, en gran parte, resultado de las grandes olas migratorias desde Latinoamérica que caracterizaron el siglo xx. Lejos del país de origen y como miembros de nuevas sociedades dominantes, muchas y muchos de estos jóvenes desean expandir su conocimiento del español, lengua que han aprendido en casa o "heredado" de sus familiares. A primera vista, su interés se centra en aprender el registro formal o académico de la lengua a los que muy pocos han tenido acceso en la escuela del país donde residen. Pero a este interés lingüístico subyace una curiosidad y necesidad socio-afectiva por explorar y entender el significado del español y la cultura familiar en la formación de su propia identidad.

La diversidad, la riqueza y la complejidad –lingüística y cultural– caracterizan a la juventud latina: provienen de diferentes países hispanohablantes (con padres del mismo o de otro país); vienen de diferentes clases sociales y tienen distintos perfiles raciales; usan distintas variedades regionales y registros del español (rurales y urbanos). Unos han nacido en el país de origen; migran a distintas edades, y tienen diferentes niveles de alfabetización en español. Algunos hablan una de las lenguas originarias de las Américas y el español es su segundo idioma. Otros ya han nacido en el país donde migraron sus padres y se han escolarizado desde el inicio en el país de residencia en una lengua distinta al español.

Como resultado de esta diversidad, los estudiantes que llegan a nuestros salones pueden hacer uso del español de formas muy variadas, tanto en lo oral como en lo escrito. También poseen un amplio rango de conocimiento y habilidades de su(s) cultura(s) de origen. Por otra parte, a estos recursos lingüísticos y culturales, hay que sumar los recursos de la lengua y de la cultura dominante donde viven y dentro de la cual se han escolarizado. La juventud latina tiene, entonces, un repertorio bilingüe y bicultural que usa en su vida cotidiana al interactuar con los diferentes miembros de las comunidades a las que pertenece.

Hoy día, muchos profesores de español nos preguntamos cómo trabajar en el aula con este grupo diverso, bilingüe y bicultural. Por mucho tiempo, nuestro quehacer como docentes –también viviendo lejos de nuestros países de origen– se ha centrado en enseñar el español "como lengua extranjera". Sin embargo, esta metodología no es la más apropiada para el trabajo con los jóvenes latinos porque, para empezar, el español no es una lengua extranjera para ellos. Por otra parte, los escenarios multilingües y multiculturales cada vez más comunes en nuestras sociedades (principalmente en los centros urbanos) y dentro de los cuales crece la gran mayoría de los jóvenes de hoy –incluyendo los latinos– están cuestionando los paradigmas tradicionales sobre la enseñanza de lenguas. Quizá el cambio conceptual más significativo y radical que se está dando en nuestro campo es un nuevo enfoque y, por lo tanto, un nuevo punto de partida de nuestro quehacer: de la enseñanza de "la lengua", con el ideal del "hablante nativo" como meta, a la valoración de las habilidades multilingües y multiculturales de los estudiantes y las aportaciones de estas al proceso de enseñanza-aprendizaje en el aula. ¿Qué impacto tiene este nuevo enfoque en nuestras clases de español y trabajo con jóvenes latinos?

En este libro comparto mi experiencia profesional de los últimos diez años con población latina universitaria en Estados Unidos. Es el resultado de un intenso trabajo en el aula, así como de una serie de reflexiones ideológicas, culturales, socioafectivas, lingüísticas, curriculares y pedagógicas (Lacorte 2016) que me han permitido trabajar con este grupo de jóvenes de manera cercana, productiva y enriquecedora. Intentaré darle al lector un panorama general e introductorio de las discusiones, marcos teóricos interdisciplinarios y pedagógicos que se han desarrollado en el campo de la enseñanza del español para jóvenes de herencia latina con la esperanza de que guíen nuevas posibilidades de trabajo con esta población.

Son pertinentes algunas aclaraciones sobre términos que usaré en este texto. La primera refiere al término "latina/latino." Usaré este término para referirme a jóvenes de origen latinoamericano cuyos padres o ellos mismos han migrado a otro país. Como resultado del proceso migratorio, pueden o no hablar español, en general son bilingües y tienen una cierta conexión con la cultura de origen a través de la familia. La segunda aclaración se refiere al término que hoy se usa más comúnmente para caracterizar al español de estos jóvenes dentro del proceso educativo, "español como lengua de herencia" o "como lengua heredada". Este término, aunque muy usado, es controvertido porque dentro de la investigación lingüística actual tiende a denotar un déficit en el dominio del español de la población latina: se asume que si se es "hablante de herencia" quiere decir que no tiene el mismo dominio de la lengua que un hablante monolingüe, que no tiene un sistema "completo" o habla "mal". En un esfuerzo por evitar este tipo de asociación negativa, en este libro usaré el término "clases de español para latinos" (de ahora en adelante EpL). Por último, aunque mi experiencia se ancla en el contexto de Estados Unidos, las problemáticas pedagógicas y discusiones teóricas que presento se están generando alrededor del mundo. Tengo confianza en que gran parte de lo que presento puede extrapolarse al trabajo con latinas y latinos fuera de Estados Unidos.

El libro está organizado en cuatro capítulos que buscan responder a una pregunta específica sobre nuestro quehacer como profesores de EpL. La secuencia de presentación busca ser un andamiaje conceptual que, por un lado, propicie el cuestionamiento de principios tradicionales de la enseñanza del español a la luz de nuevos planteamientos teóricos y, por otro, siente las bases para el diseño de un currículum y prácticas pedagógicas innovadoras que correspondan a las fortalezas, necesidades e intereses específicos de la juventud latina.

En el primer capítulo *La juventud de herencia latina* busco contestar las preguntas: ¿Quiénes son los jóvenes latinos? ¿Qué factores han moldeado sus habilidades bilingües? ¿En qué se parecen y en qué se diferencian de los hablantes monolingües de español y de los estudiantes del español como lengua extranjera? Para responder a esta interrogante, parto de una perspectiva ecológica (Bronfenbrenner 1979; Hornberger y Wang 2008) que nos permita explorar de manera integral las diferentes circunstancias migratorias, familiares, educativas, socioculturales y políticas que han conformado las experiencias de vida de muchos de estos jóvenes. Estas circunstancias impactan el uso del español oral y escrito de las y los latinos, el sentido de identidad etnolingüística y la motivación para tomar clases de español.

En el capítulo 2 *La relación maestro-estudiante en el aula EpL* reflexiono sobre nuestro papel docente como parte de la ecología del estudiantado latino. Enfatizo la necesidad de identificar lo que Gaston Bachelard (1987) llama en filosofía de la ciencia "obstáculos epistemológicos": creencias, preconcepciones y prejuicios que dificultan el acceso al conocimiento de nuevas realidades y a nuevas formas de conceptualizarlas. ¿Qué obstáculos epistemológicos debemos hacer conscientes los profesores para dejar atrás perspectivas deficitarias y de estigma sobre el habla de los estudiantes latinos? ¿Cómo entender su habla multilingüe desde una perspectiva positiva que fortalezca su sentido de multicompetencia (Cook, 1992) y de identidad como hispanohablantes?

Uno de los principales obstáculos epistemológicos al que hago referencia es la concepción que tenemos sobre el español, y nuestro papel como "maestros", autoridad única del saber lingüístico. Así, en el capítulo 3 *Nuestro objeto de estudio: el español en todas sus dimensiones* le recuerdo al lector que lo que hoy entendemos por "el" español es el resultado de largos y complejos procesos históricos, sociales y culturales donde el continuo contacto y convivencia con otras lenguas y culturas le han dado su riqueza geográfica y dialectal. No obstante, si bien tendemos a reconocer el valor de la diversidad, también hay que tener una perspectiva crítica que reconozca que no todas las variedades y registros del español cuentan con el mismo prestigio social. Entonces, si en el aula convergen jóvenes latinos que hablan distintas variedades del español, algunas populares de menor prestigio, ¿qué hacer ante esta situación? ¿Se deja de lado el habla de estos estudiantes? ¿Se reconoce como válida solo la variedad del maestro? ¿Qué español enseñar?

En el último capítulo, *Una guía pedagógica para el aula EpL*, presento los principales lineamientos pedagógicos que hoy en día han sido resaltados por la investigación como los más efectivos y productivos para los cursos EpL. Se propone una instrucción creativa, flexible y diferenciada que dé cabida a la diversidad de perfiles y recursos lingüísticos, intereses, necesidades y motivaciones del estudiantado latino. Dicha instrucción se sustenta en la generación de un ambiente de aprendizaje seguro y en marcos teóricos que conciben el habla de los jóvenes desde una perspectiva del bilingüismo dinámico y funcional. Se privilegia el trabajo de acompañamiento y andamiaje que apoye el proceso de expansión de recursos y usos lingüísticos en español necesarios para la creación de diferentes tipos de textos orales y escritos. La meta es que los jóvenes fortalezcan su sentido de identidad y agencia multilingüe, se sientan orgullosos de su herencia cultural y lingüística y se consideren miembros activos de las comunidades hispanohablantes a las que pertenezcan.

En las consideraciones finales, reflexiono sobre el significado de nuestro trabajo como profesores EpL en relación con el objetivo 4 de la Agenda 2030 de la Organización de las Naciones Unidas (2015) que busca implementar y dar acceso a modelos educativos de calidad, inclusivos y equitativos a la niñez y a la juventud del siglo XXI. Propongo que desde nuestras aulas se pueden y deben seguir los principios de inclusión y equidad, que integren el español en todas sus modalidades, variedades y formas emergentes; todas aquellas que los jóvenes latinos traen a nuestras aulas.

1

LA JUVENTUD DE HERENCIA LATINA

Este primer capítulo está dedicado a reflexionar sobre quiénes son los jóvenes latinos. Para responder a esta pregunta he elegido un marco ecológico (Bronfenbrenner, 1979; Honenberg y Wang, 2008) que nos permita entender de manera integral el impacto de los contextos y circunstancias migratorias, familiares, socioculturales, escolares y políticas en el desarrollo de los repertorios multilingües de la juventud latina, de sus actitudes afectivas hacia la lengua y de sus identidades multiculturales.

1.1. La perspectiva ecológica

Adoptar una perspectiva ecológica es sumamente importante para entender el desarrollo lingüístico, psicológico y socioafectivo de las niñas, los niños y jóvenes latinos dadas las diferencias que, generalmente, hay entre los dos ambientes más importantes dentro de los que crecen: su casa y su escuela. Ambos ambientes son lingüística y culturalmente distintos y se organizan alrededor de diferentes valores y expectativas sociales. A estas diferencias, muchas veces significativas, hay que agregar el hecho de que las familias latinas suelen tener un estatus social de minoría que las separa del resto de la sociedad mayoritaria o dominante. Esta disparidad es de primera importancia porque en ella se juega muchas veces la posibilidad de desarrollar y mantener el español y la cultura como parte de la vida cotidiana de las familias latinas.

El poder de la cultura dominante se manifiesta de muchas maneras: desde la falta de oportunidades y acceso a programas escolares bilingües o en español hasta interacciones muy puntuales entre familias latinas y maestros. Por ejemplo, en ocasiones, un maestro se puede sentir con la autoridad y el derecho de sugerirle a los padres latinos que dejen de hablarle español a sus hijos en aras del éxito académico en la lengua dominante. Desafortunadamente, este tipo de sugerencias se hace, la mayoría de las veces, sin tomar en cuenta las expectativas o deseos de la familia y del estudiante, ni de las implicaciones de esta pérdida para la comunicación entre padres e hijos y para la formación de la identidad de la niña o el niño. En otras ocasiones, son los padres mismos quienes ante el miedo de que los hijos sean discriminados prefieren dejar de hablar español. Desde luego, también se puede dar una situación alterna donde los maestros apoyan el uso del español en casa y los padres también consideran el uso del español como una ventaja. Esta es una situación ideal. El punto importante es considerar que el desarrollo lingüístico –monolingüe o multilingüe– no se da en el vacío. Padres, familiares, maestros, miembros de la comunidad, todos, somos "actores" (Honbegerner y Wang, 2008) que facilitamos y privilegiamos –o entorpecemos y estigmatizamos– el acceso y uso de recursos de una lengua (oral y escrita) frente a otra(s).

Una perspectiva ecológica nos permite entender, entonces, que la variabilidad de los repertorios multilingües que llegan a nuestras aulas no solo depende de las características individuales de los estudiantes, sino de toda una compleja historia de interacciones, relaciones sociales y de acceso a oportunidades para adquirir recursos lingüísticos del español y para usarlos en distintos contextos de la vida cotidiana.

1.2. La diversidad de la experiencia migratoria

Cada uno de nuestros estudiantes tiene una historia lingüística y de migración diferente. Las diferencias empiezan con las razones de la migración, el país y la zona de origen, los recursos socioeconómicos y el nivel educativo de la familia; siguen con el país, zona y momento histórico de llegada y las condiciones de trabajo, satisfacción y adaptación cultural de la familia al nuevo entorno. La edad a la que migran los jóvenes también es muy importante. Tenemos aquellos estudiantes que llegaron al nuevo país antes de los seis años (llamados generación 1.5); otros llegaron más grandes, incluso adolescentes; otros más nacieron en el país donde la familia migró y otros más son de segunda o tercera generación. Encontramos jóvenes con diferentes estatus migratorios: ciudadanos, documentados, indocumentados, exiliados. Algunos son ciudadanos del país de residencia, otros tienen doble nacionalidad; otros se identifican con comunidades transnacionales que van y vienen con frecuencia entre dos países (por el ejemplo, el caso de algunas comunidades migrantes fronterizas entre México y Estados Unidos). Cada uno de estos estatus repercute de manera diferente en el bienestar físico y psicológico de la juventud latina (Suárez-Orozco *et al.*, 2011).

Los niños y jóvenes que migran crecen y se educan bajo la presión de adaptarse al nuevo país lo más pronto posible. La presión empieza con el aprendizaje de la lengua dominante para tener éxito escolar y participar activamente en la nueva sociedad. Viven en un continuo vaivén entre la cultura, la lengua, los valores y las expectativas de su contexto familiar y aquellos de la cultura dominante. Algunos críticos culturales y antropólogos (i.e. Anzaldúa, 1999; Pratt, 2007) han sugerido que este vaivén entre culturas crea un nuevo "espacio" –espacio psicológico y de interacción– dentro del cual los jóvenes hacen un constante trabajo de negociación de los dos mundos que habitan (Pavlenko y Blackledge, 2004): ¿Qué mantener de la cultura de origen?, ¿qué dejar? ¿qué incorporar de la sociedad dominante?

El trabajo no sería tan difícil si se tratara de integrar valores y expectativas similares, pero como ya he dicho, hay diferencias importantes que no solo tienen que ver con aspectos culturales y lingüísticos, sino con la desigualdad estructural y de poder que se establece entre grupos. Por ejemplo, al ser considerados minoría en el (nuevo) país de residencia, las interacciones que establece la juventud latina con miembros de la sociedad dominante tienden a estar definidas por una relación que enfatiza la disparidad de prestigio de su cultura, las más de las veces discriminada, estigmatizada o mercantilizada por la cultura dominante.

Dentro de este vaivén sociocultural, el español, como identificador de etnicidad, es el aspecto más vulnerable y es uno de los primeros que tiende a perderse en la negociación entre culturas. Si una niña latina recibe, por parte de miembros con poder y autoridad, mensajes negativos hacia su origen étnico-racial, que estigmatizan su lengua y cultura, puede reaccionar de dos formas: puede rechazar lo propio, por no querer identificarse con ello, o puede rechazar a la sociedad dominante, por encontrarla hostil contra lo suyo (Suárez-Orozco y Suárez-Orozco, 2001). Ambas posiciones implican el manejo de emociones encontradas que requieren de una gran cantidad de energía y atención por parte de la niña. Esta situación afectiva interfiere con el desempeño académico y genera un sentido escindido de su identidad. Por el contrario, los mensajes positivos de reconocimiento y validación de la lengua y la cultura de casa por parte de figuras de autoridad (principalmente sus maestros), llevan a mayores posibilidades de construir una identidad etnolingüística integrada, al mismo tiempo que la niña siente un apoyo que facilita su adaptación escolar y su desempeño académico (Parra y García-Sellers, 2005).

Por otra parte, es fundamental recordar que los estudiantes latinos están expuestos a los mensajes no solo de la sociedad dominante donde residen, sino también de las sociedades de origen de la cual provienen (también dominantes). Los padres y la familia extendida en el país de origen pueden mandar mensajes negativos sobre el habla multilingüe de los estudiantes que no concuerda con las normas monolingües que, supuestamente, se siguen en esos países. Nosotros, docentes, como usuarios de variedades de prestigio, representamos estas normas en el salón de clase y tenemos el potencial de emitir mensajes que lastimen la muchas veces ya baja autoestima de los estudiantes con respecto al español que han aprendido de sus familias. Desde luego, también podemos dar mensajes positivos y presentar nuevas perspectivas sobre su habla multilingüe y generar espacios que permitan el fortalecimiento de su identidad como hispanohablantes multicompetentes, como veremos más adelante.

1.3. El uso del español en la casa

Como parte de la aproximación ecológica, es fundamental que exploremos las actitudes de las familias hacia el uso del español, incluyendo la nuestra propia. En algunas familias se habla español en casa porque es la única lengua que saben los padres. Otras familias hacen esfuerzos conscientes para mantener el español (a veces hablado por uno solo de los padres) porque quieren que los hijos gocen de los beneficios del bilingüismo y sigan conectados a sus culturas de origen. En algunas otras se decide no mantener el español y propiciar la transición de los hijos al inglés (u otra lengua dominante) lo más pronto posible por miedo a que sean discriminados o se atrasen en las exigencias académicas.

En cualquiera de estos escenarios, es importante resaltar dos cuestiones. Primero, cuando las familias hablan español para comunicarse en la vida diaria, el niño adquiere el uso de los elementos más sofisticados de la lengua, como la fonología, la morfología, el léxico y la sintaxis que corresponden al origen nacional, regional, socioeconómico y educativo de la familia (Valdés y Geoffrion-Vinci 1998). Por eso, cuando escuchamos hablar a un estudiante latino, podemos identificar el origen nacional o regional, rural o urbano, del que viene y un posible nivel educativo de la familia. Segundo, tenemos que recordar que, la mayoría de las veces, la lengua dominante también es parte de la vida familiar cotidiana y las niñas y los niños latinos están expuestos a ella desde edades muy tempranas a través de las interacciones con los hermanos mayores ya escolarizados en la lengua mayoritaria, los medios de comunicación, los amigos. Esto quiere decir que, en general, pocos niños crecen dentro de ambientes donde se usan únicamente los recursos del español. La presencia diaria y simultánea de la lengua de casa y de la sociedad dominante lleva a que, desde edades tempranas, los niños latinos empiecen a formar un repertorio comunicativo complejo que incluye elementos de *ambas* lenguas o incluso más, en el caso de aquellos que crecen con padres que hablan dos lenguas diferentes o dos variedades diferentes del español (Potowski, 2017; Silva-Corvalá, 2014) (sobre esto hablaré un poco más en el Capítulo 3).

Desde una perspectiva de escucha monolingüe, el repertorio bilingüe de la juventud latina se ha conceptualizado como un "continuum" (Silva-Corvalán, 1994; Valdés, 2001) donde se puede identificar qué tantos recursos se tienen del español con respecto a la otra lengua. No obstante, aunque para nosotros adultos sea obvio diferenciar qué recursos son de una lengua y cuáles de otra en un discurso multilingüe, desde el punto de vista de un niño/hablante, los recursos lingüísticos que oye y adquiere no están diferenciados en "lenguas" (García y Wei, 2014): no sabe que unos corresponden a lo que llamamos "español" y otros a otra(s) lenguas. Todos los recursos de todas las lenguas que tenga a su disposición le sirven para construir y transmitir mensajes significativos. Pero para poder funcionar en un mundo que privilegia el monolingüismo, cualquier niño bilingüe tiene el reto de aprender a diferenciar los distintos recursos lingüísticos de su repertorio y saber cuáles pertenecen, por ejemplo, al español y cuáles pertenecen a la lengua dominante. Tiene que desarrollar la competencia sociopragmática y aprender cómo y con quién usar cada uno de estos conjuntos de elementos. Este aprendizaje se da en interacción con otros que pueden hacer esta diferenciación.

Sin embargo, también hay que tener presente que muchas familias y comunidades latinas no marcan la diferencia entre los recursos del español y los de la lengua dominante, manteniendo las mismas interacciones bilingües que adquieren los niños y usan en sus vidas diarias. Pero muchos niños y jóvenes latinos son conscientes de que su repertorio bilingüe, al igual que algunas formas que usa su familia, son estigmatizadas por los hablantes monolingües de la norma culta de sus países de origen, entre ellos, algunos profesores de español, y crecen percibiendo su habla como "deficitaria". Esta percepción se vuelve una carga afectiva enorme que termina por minar su sentido de identidad, y relaciones con algunos familiares.

1.4. EL PROCESO DE ESCOLARIZACIÓN

Otro déficit que muchas y muchos jóvenes latinos perciben con respecto a su conocimiento lingüístico tiene que ver con el dominio de la lengua escrita. Lamentablemente, la mayoría de la población infantil latina, al menos en Estados Unidos, no tiene el acceso a programas escolares bilingües en español que les permita alfabetizarse en esta lengua y usarla en ámbitos académicos y profesionales.

El resultado es que, por un lado, con frecuencia, el español escrito de estos estudiantes refleja algunas características del español oral y de la lengua escrita dominante. Por ejemplo, en Estados Unidos algunos estudiantes escriben con algunas convenciones ortográficas que reflejan la ortografía del inglés (i.e. *intelligente, opportunidad*); a veces escriben expresiones que se consideran del registro oral (i.e. nomás) y tienden a repetir a lo largo de un texto escrito las mismas palabras o estructuras que conocen. Sin embargo, esto no necesariamente quiere decir que no puedan expresar ideas complejas y sofisticadas. Solo necesitan los recursos que les permitan hacerlo de manera más precisa o elaborada. Por otro lado, muchos jóvenes latinos también tienen dificultades con la comprensión lectora en español, sobre todo de textos académicos o de literatura. Así, la falta de exposición a la lengua escrita en español, la falta de escolarización en esta lengua y la imposibilidad de apropiarse de los usos de la lengua escrita en español para usarla en la vida cotidiana merman la participación social de los jóvenes. Con ello, disminuye su confianza como usuarios y como miembros de sus comunidades. Es este panorama el que precisamente queremos cambiar con nuestro trabajo docente.

1.5. LA RELACIÓN AFECTIVA CON LA LENGUA

La complejidad de las ecologías dentro de las cuales crece la niñez y la juventud latinas también tiene un profundo impacto en su afectividad hacia esta lengua y en la formación de su identidad. Cada uno de los jóvenes latinos tiene una relación afectiva distinta y complicada con el español. En general, tienen sentimientos ambivalentes hacia ellos mismos como usuarios: por un lado, tienen afectos positivos, de cercanía, ya que ha sido a través del uso del español que han formado lazos afectivos con su familia y cultura de origen. Hablar español es parte de su identidad familiar y comunitaria. Por otro lado, muchas y muchos jóvenes también tienen afectos negativos, principalmente de vergüenza, ansiedad e inseguridad, hacia su forma de hablar, ya que han sido discriminados por usar esta lengua en contextos dominantes (como la escuela) y criticados por su propia familia o comunidad (sobre todo aquella que radica en el país de origen), porque "no hablan bien" por usar elementos estigmatizados o no "académicos", "hablan con acento", "mezclan" o "ya son gringos/extranjeros".

Nuestro trabajo docente es clave para que superen estas inhibiciones e inseguridades importantes. Debemos tomar en cuenta que si los jóvenes están en nuestros salones quiere decir que tienen un grado de motivación importante que hay que aprovechar y cultivar para que su relación afectiva con el uso del español sea positiva y su autoestima e identidad como usuario de la lengua se fortalezca. Como veremos más adelante, la clave es que el profesor cambie la narrativa sobre el habla del estudiante y enfatice su multicompetencia (Cook, 1992) al tiempo que provee oportunidades de acceso a recursos lingüísticos en español. Las narrativas que toman en cuenta el valor del habla familiar y del bilingüismo de los estudiantes los libera de la pesada carga afectiva de la idea de "hablar mal" y los motiva a seguir enriqueciendo se repertorio oral y escrito en español.

1.6. La identidad etnolingüística

En general, las familias latinas socializan a sus hijos e hijas dentro de una narrativa de orgullo y de pertenencia al país latinoamericano de origen. Para la gran mayoría de los padres latinos, usar el español tiene una importancia "primordial" (Silverstein, 2003) por ser el medio a través del cual forman vínculos afectivos familiares (Parra, 2016a). Por esta razón, los mensajes positivos o negativos sobre la herencia lingüística y su conexión familiar tienen un impacto directo en el sentido de identidad de las y los jóvenes latinos.

En este punto, vale la pena reflexionar sobre el significado del concepto de "identidad" y su relación con las lenguas que usamos en nuestras vidas cotidianas. El concepto de "identidad" se ha reformulado en los últimos años bajo una perspectiva posestructuralista donde la identidad ya no se piensa como la suma de categorías sociales definidas por el género, la nacionalidad, la edad o la ocupación. Ahora se piensa en la identidad de una manera más dinámica y subjetiva donde el lenguaje tiene un papel central. Se propone que nuestras identidades:

a. "Se construyen", "se actúan" (Hall, 1996) en la interacción con los otros.

b. Son múltiples y subjetivas. Cada una de las relaciones que tenemos constituye una "subjetividad", una forma de sentirnos, pensarnos y hablar dentro de esa relación con el "otro".

c. Se forman como resultado de dos procesos simultáneos: la identificación y la diferenciación (Ricoeur, 1992). Es decir, me relaciono y me identifico con aquellos que comparten mi forma de hablar, valores, creencias y prácticas culturales. Al mismo tiempo, me diferencio de aquellos que no comparten estas mismas cosas.

d. Las identidades se construyen, entonces, dentro de colectividades, esto es, dentro de un conjunto de personas que comparten prácticas discursivas y culturales o "comunidades de práctica" (Lave y Wenger, 1991) que son dinámicas y cambiantes.

Toda esta información es relevante para entender que la formación de la identidad en los jóvenes latinos es un proceso extremadamente complejo. Construyen sus identidades multilingües y multiculturales a través de todos los mecanismos mencionados pero en relación a dos culturas; se identifican con y se diferencian de distintos aspectos tanto del grupo de origen como de los grupos dominantes; participan en una serie de prácticas culturales y discursivas en sus comunidades de origen y en las comunidades dominantes.

Vuelvo a enfatizar que el proceso no sería tan complejo si ambas culturas tuvieran un mismo estatus de prestigio y poder. Pero ante las presiones de la adaptación y asimilación, los jóvenes latinos tienden a identificarse con la sociedad dominante y sus instituciones, principalmente a través del uso de la lengua. En el caso de los Estados Unidos, la gran mayoría de los latinos habla y se desempeña en inglés en ámbitos sociales y académicos (Rambaut y Massey, 2013; Pew Hispanic Center, 2013). Lamentablemente, esto no los protege de ser discriminados y excluidos por la cultura dominante a través de acciones y discursos que enfatizan su otredad. Por lo tanto, no pueden identificarse del todo con dicha cultura.

Al mismo tiempo, el proceso de identificación con la cultura latina también se entorpece cuando las y los jóvenes no tienen los recursos del español para cumplir las expectativas familiares, principalmente de las comunidades de origen, y se señala que "no saben hablar bien". Es importante reflexionar sobre los efectos de estos mensajes porque definen la percepción que los jóvenes tienen de sus propios recursos en español. Es decir, muchos estudiantes tienen muchos recursos y los usan efectivamente; sin embargo, miembros de su comunidad y ellos mismos *perciben* su habla como "deficitaria".

Como resultado, y a pesar de sus esfuerzos por identificarse con ambas comunidades, una parte importante de la juventud latina vive con un sentido de exclusión por ambas partes: "ni de aquí, ni de allá". Esto los lleva a tener profundos sentimientos de pérdida o vergüenza, de inseguridad y de exclusión tanto en la sociedad dominante como en las comunidades de origen.

Ante este panorama psicológico complejo, es imperativo que recordemos que los mecanismos de construcción de la identidad y los procesos de identificación y diferenciación no son una abstracción teórica, sino que, como ya expliqué, se generan dentro de intercambios comunicativos concretos uno-a-uno entre las y los jóvenes y sus otros significativos, entre ellos y sus maestros. La teoría del posicionamiento de Harré y Langenhove (1999) puede ser de utilidad para comprender el funcionamiento de estos mecanismos y sus consecuencias para los procesos de formación de la identidad. Esta teoría propone que las palabras y la forma en que se usan sirven para "localizar" y "posicionar" a los participantes dentro de un intercambio comunicativo con respecto a uno mismo y al otro. Es con las palabras concretas que atribuimos ciertas características, derechos y deberes a otros y nos definimos a nosotros mismos, nos posicionamos ante el otro (Moghaddam y Harré, 2010).

Un ejemplo de esta localización y posicionamiento que refuerza el conflicto sobre el sentido de identidad etnolingüística de los jóvenes latinos dentro del contexto de las clases de español sería cuando el estudiante usa formas estigmatizadas (i.e. *haiga*) y el profesor las identifica como "erróneas" y, desde la norma culta, da formas alternativas (i.e. *haya*) como las "correctas." En este intercambio, el profesor tiene ("actúa") el poder de decidir qué es lo correcto y qué es lo incorrecto y posiciona al estudiante como usuario deficitario. Lo central para el profesor –al igual que para los miembros de las familias y culturas dominantes– es saber que, como proponen Harré y Langenhove, estos intercambios tienen implicaciones morales directas al asignar o "localizar" a una persona en una posición determinada a partir de su forma de hablar. Si la localización es negativa, discrimina y merma directamente el sentido de identidad, autoestima del estudiante y la percepción de sus propias capacidades. Por esta razón, como veremos más adelante, el aula debe ser un espacio seguro donde los estudiantes encuentren narrativas alternativas positivas sobre sus identidades multiculturales y sus capacidades multilingües (Martínez, 2016), al tiempo que puedan reflexionar críticamente sobre lo que subyace a ciertos usos lingüísticos y sus conexiones con ideas como "hablar bien" o "hablar mal".

1.7 La motivación para tomar clases de español

Dada la complejidad del desarrollo de la identidad de las y los jóvenes latinos descrita en las páginas anteriores, como docentes debemos considerar que el interés del estudiantado latino por las clases de español va más allá de lo puramente lingüístico (Uricuoli, 2008): (re)conectar con su lengua y expandir su conocimiento lingüístico está directamente relacionado con un interés por comprender y fortalecer su identidad etnolingüística. El repertorio de recursos en español y en la lengua dominante que tienen los estudiantes representa, en gran medida, su biografía (Blommaert y Rampton, 2011) y, lo expliciten o no, los jóvenes latinos quieren explorarla: son adolescentes o adultos jóvenes en una etapa de desarrollo fundamental de la vida donde se revisitan preguntas sobre el pasado y se plantean nuevas interrogantes sobre el futuro, algunas de ellas sumamente importantes y significativas. Es una etapa de cuestionamiento y resignificación de sus identidades multilingües. En general, buscan la validación y valoración de su identidad hispanohablante y la conexión con las tradiciones de sus familiares y su cultura, al tiempo que reconocen la importancia de la cultura dominante donde también buscan el progreso.

El punto de partida para el éxito de este trabajo de valoración e integración somos los profesores mismos. Debemos familiarizarnos con los nuevos marcos teóricos que nos den las herramientas conceptuales necesarias para fortalecer nuestro quehacer con los estudiantes latinos. Un paso inicial de este ejercicio será comprender y tomar consciencia de aquello que media la relación conceptual y afectiva entre nuestra posición como usuarios monolingües de las normas cultas y la posición del estudiante como usuario de variedades populares y multilingües. Esto es, las preconcepciones, creencias e incluso prejuicios que median la valoración del habla de las y los estudiantes desde nuestra posición de profesores. Estos pueden interferir de manera importante con la generación de nuevas posibilidades pedagógicas para enriquecer la dinámica en el salón. Este es el tema del siguiente capítulo.

2

LA RELACIÓN MAESTRO-ESTUDIANTE EN EL SALÓN EpL

La organización de nuestras clases de español requiere de un trabajo de definición de objetivos, materiales y actividades que estructuren nuestros cursos. En las clases de EpL, un aspecto fundamental que debe añadirse, incluso preceder a este proceso de organización, es la reflexión sobre nuestro papel como docentes y la relación que hemos de formar con los estudiantes y su habla ya que somos un elemento importante de su ecología actual. Este capítulo está dedicado a estas reflexiones. En general, la relación maestro-estudiante latino es compleja ya que está mediada por creencias, preconcepciones y sentires sobre su origen nacional, lingüístico y racial con respecto al nuestro propio y con respecto a las creencias y expectativas sobre nuestro trabajo en el salón. Es imperativo que tomemos conciencia sobre estos aspectos porque, como propuso el filósofo Gastón Bachelard (1987), son "obstáculos epistemológicos" que impiden el acceso a nuevas formas de comprensión de la realidad. Así, nuestras creencias, preconcepciones, sentires y prejuicios sobre los orígenes, las experiencias de vida y formas de hablar de las y los jóvenes latinos pueden impedirnos ver *sus* realidades y limitarnos en el diseño de ambientes pedagógicos inclusivos y transformativos tanto para el estudiantado latino como para nosotros.

Como punto de partida, hay que considerar que, como señalan Valdés y Parra (2018), el diseño de las clases y programas de nuestras clases de lengua está, en sí mismo, lejos de ser un proceso que se dé en el vacío. Por el contrario, es un proceso inserto en un complejo sistema de mecanismos de toma de decisiones que responden a una serie de requisitos y creencias sobre qué debemos enseñar y cómo hacerlo. Estos requisitos abarcan las esferas institucionales, teórico-prácticas e ideológicas dentro de las cuales se conceptualiza el proceso de enseñanza-aprendizaje de la lengua.

Empezaré entonces el capítulo con algunas reflexiones básicas sobre los contextos institucionales dentro de los cuales se enseñan las clases EpL, para continuar con las reflexiones sobre las ideologías de la lengua que subyacen a estos contextos y guían nuestra percepción sobre el habla de los jóvenes a quienes enseñamos. Seguiré con la mención del papel que tienen las teorías de la adquisición de las lenguas y el bilingüismo en la conceptualización y la organización de nuestro trabajo, y concluiré con cinco principios que pueden guiar nuevas actitudes y posibilidades para el trabajo del profesor EpL.

2.1. El contexto institucional de las clases de EpL

La institución dentro de la cual enseñamos es la primera esfera que puede acotar el diseño e implementación de las clases EpL. Por ejemplo, en Estados Unidos, los profesores de español enseñamos dentro de departamentos que, generalmente, están divididos en programas de lengua y programas de literatura. Se asume una progresión curricular que va de los niveles básicos de lengua hasta las clases avanzadas de literatura. Esta estructura e idea de progresión implican, de entrada, dos ideas cuestionables: primero, la lengua se puede enseñar en una progresión de fácil a difícil y, segundo, dado que las clases de literatura requieren los niveles más altos de dominio lingüístico, tienen mayor valor. A su vez, dentro de los programas de español, son pocas las instituciones que tienen cursos de español exclusivos para estudiantes latinos y, cuando los hay, se consideran cursos separados del programa de lengua lo que, en muchas ocasiones, los lleva a tener un estatus de menor importancia en algunos departamentos (Valdés y Parra, 2018).

Así, los profesores, casi siempre, suelen encontrarse con dos escenarios: deben integrar a los estudiantes latinos en las clases de español como lengua extranjera o bien deben diseñar de la nada el currículum para los estudiantes latinos. El resultado más común suele ser el primer escenario, conocido en el campo como clases "mixtas", que reúnen a estudiantes en su mayoría no-latinos, con muy pocos latinos. Este escenario suele ser complicado, como veremos en el capítulo 4: unos y otros se aburren y/o se estresan al estar en una clase donde se perciben necesidades y fortalezas distintas entre los dos grupos de estudiantes. Por otra parte, el trabajo de generar un currículum solo para latinos tampoco es un trabajo fácil. Generalmente, los profesores cuentan con pocos apoyos administrativos y pedagógicos que los guíen en este proceso. La tendencia más común es considerar que las clases EpL deben remediar algún tipo de problema o compensar la "falta" de español y corregir los "errores" siendo el remedio la enseñanza de la gramática. Esta forma de pensar las clases para latinos es la segunda limitante, aún avalada dentro de varias instituciones y departamentos de lengua. Se basa en una ideología particular sobre la lengua que examinaremos a continuación.

2.2. Las ideologías sobre la lengua

De una manera muy general, podemos definir la ideología lingüística como un grupo de ideas y creencias no examinadas sobre la naturaleza de las lenguas, sus hablantes y sus usos en la sociedad (Valdés y Parra, 2018). Estas ideas y creencias están tan enraizadas en nuestros entornos sociales y culturales y reforzadas por el discurso académico que parecen ser de "sentido común". Por ejemplo, el lector seguramente asume ciertos indicadores para determinar quién habla "bien" y quien habla "mal". "Hablar bien" se asocia con los usos cultos de las clases medias y altas y "hablar mal" con los usos populares de las clases bajas (i.e. *haiga, nadien, tuvistes*) o los usos que "mezclan" elementos de dos lenguas. Ante el habla popular de muchos estudiantes latinos, es común que los profesores de español –siguiendo requisitos departamentales– organicen su trabajo en el aula alrededor de una ideología del lenguaje que suscribe como válidas y determina como objetivo único del aprendizaje las variantes prestigiosas y usos cultos del español, a partir de un acercamiento normativo y gramatical (Leeman, 2012).

Este escenario requiere reflexionar sobre tres obstáculos epistemológicos centrales que pueden limitar nuestro quehacer: a) la adscripción al acercamiento normativo y gramatical como el único método pedagógico que necesitan los latinos; b) los sentires hacia los perfiles raciales, de género y socioeconómicos de los estudiantes en relación con los nuestros; c) nuestra concepción misma sobre lo que es "una lengua" como el español. Reflexionaré brevemente sobre cada uno de estos obstáculos.

Primero, con respecto al predominio del acercamiento normativo y gramatical como método pedagógico en el aula EpL, la investigación ha comprobado que la ideología y las actitudes prescriptivas y normativas no son las que funcionan mejor para trabajar con jóvenes latinos (Potowski, 2002), pues posicionan al maestro como autoridad única que, la mayoría de las veces, devalúa las contribuciones desde los usos populares de los estudiantes dañando su autoestima. La ideología normativa también limita la definición misma de "lengua", de "bilingüismo" y de cómo concebimos sus procesos de adquisición, como veremos en el siguiente apartado.

Segundo, la investigación también ha demostrado que las evaluaciones que hacemos sobre las formas de hablar de otros no necesariamente tienen que ver con la lengua en sí mismas, sino con una valoración de los hablantes a partir de perspectivas políticas y económicas (Valdés y Parra, 2018). Estas valoraciones se construyen con base en los discursos sobre la otredad y con sus dimensiones raciales, de clase, género y sexualidad. Por ejemplo, en el caso específico de Estados Unidos, se ha documentado que en las clases de español los profesores blancos y de clase media, media alta de España y Latinoamérica tienden a responder de manera prejuiciosa ante el habla de estudiantes latinos de color y de clase socioeconómica baja, aun cuando el estudiante no use formas estigmatizadas (Flores y Rosa, 2015). Seguramente algunos profesores de español también han experimentado la discriminación racial en el país donde radican. Así, ya sea por los privilegios que gozamos por tener piel blanca o por las experiencias de discriminación que hemos sufrido por nuestro color de piel, género o nivel socioeconómico, es central que reflexionemos sobre cómo estas experiencias personales pueden impactar la relación con cada uno de nuestros estudiantes.

Finalmente, el tercer obstáculo epistemológico –y quizá del que sea más difícil tomar distancia– es la idea misma que tenemos del español como "idioma" o "lengua". El diseño de las clases de lengua sigue operando con una idea común: las lenguas son sistemas bien delimitados y en correspondencia con naciones particulares: el español se habla en México y España; el italiano en Italia, el francés en Francia, el alemán en Alemania; el inglés en Estados Unidos e Inglaterra, etc. Para algunos autores (i. e. García y Otheguy, 2019), esta ideología está en la base de conceptos como el "plurilingüismo" promovido por instancias como el

Consejo Europeo. El "plurilingüismo", como la capacidad indivi-dual de comunicarse en varios idiomas, aunque ya no se adhiere al viejo ideal de ser "bilingüe balanceado", sigue basado en la idea de "niveles" de dominio (por ejemplo, A1, B2, etcétera del Marco Europeo o los estándares del *American Council on the Teaching of Foreign Languages* (ACTFL) en Estados Unidos) que nos permiten identificar qué sabemos y qué nos falta aprender de una lengua. El interés por aprender estos idiomas tiene que ver, generalmente, con beneficios de movilidad, educación y empleo. Así, la idea de plurilingüismo refuerza el prestigio social y económico de lenguas europeas mayoritarias como el francés, el inglés, el alemán y el español, en su estatus de lengua dominante (no minoritaria que tiene en Estados Unidos). Por otra parte, la perspectiva comunica-tiva plurilingüe, "busca promover la tolerancia lingüística, generar conciencia de la diversidad lingüística y educar para una ciudada-nía democrática" (Consejo Europeo 2003: 16).

Sin embargo, como explican García y Oteguy (2019), el valor de esta comunicación plurilingüe y la tolerancia lingüística cam-bian cuando se trata de los repertorios lingüísticos que usan las poblaciones migrantes y minoritarias: cuando estos integran ele-mentos de lo que percibimos como diferentes lenguas, se perciben y valoran desde las normas monolingües como estados "interme-dios" o "incompletos" hacia el dominio de las lenguas dominantes o mayoritarias. Mientras que el uso de varios idiomas se promueve en estudiantes miembros de las sociedades dominantes, las prác-ticas multilingües de los grupos minoritarios se tienden a consi-derar un bien cultural pero se perciben como un obstáculo para la asimilación, adaptación y éxito escolar y profesional en el país de residencia. Se impone el aprendizaje de una sola lengua como símbolo de identidad nacional. Cuando se reconoce el valor de las lenguas minoritarias y se incorporan al sistema educativo suele ser, la mayoría de las veces, como herramienta de transición hacia la lengua y culturas dominantes.

Las ideas anteriores se han cuestionado fuertemente por miembros y académicos de la comunidad europea y del continen-te americano. En lo que hoy se identifica como "el giro multilin-güe" (del inglés the Multilingual Turn: May, 2014), se enfatiza que el multilingüismo (la convivencia de varias lenguas en un entorno social) –que ha aumentado de manera significativa en las últimas décadas– siempre ha sido parte de los países europeos y los ameri-canos, pero a lo largo de la historia se ha invisibilizado bajo ideologías monolingües, dominantes y colonizadoras. Por el contrario, este giro busca reconocer y validar la existencia de las habilidades multilingües de minorías y migrantes no como estados incompletos de dos o más lenguas ni como estados de transición hacia la lengua dominante, sino como prácticas discursivas, válidas en sí mismas, parte de la vida de estas comunidades. Más que hablar de "plurilingüismo" (y la idea subyacente de una comunicación con pedacitos de idiomas juntos), se habla, entonces, de "translengua" (García y Wei, 2014), el uso de un solo repertorio comunicativo que, desde el punto de vista del hablante, no diferencia sino que integra todos los recursos lingüísticos disponibles en un solo sistema comunicativo. El translengüeo de las comunidades minoritarias y migrantes se considera, pues, una práctica legítima, integrada, no deficiente ni incompleta que, a su vez, es constitutiva de las identidades transculturales de sus hablantes. La mezcla de español con otra lengua que podemos escuchar en el habla de muchos jóvenes latinos no es, pues, una doble deficiencia ("no sabe español ni sabe la otra lengua"), sino una muestra del sistema comunicativo integrado que ha formado con todos los recursos que ha tenido disponibles para comunicarse con miembros de sus comunidades y otros significativos.

Así, en las nuevas propuestas teóricas, los hablantes multilingües y sus prácticas discursivas se conceptualizan como "ensamblajes" (Pennycook, 2001) de una variedad de recursos que incluyen los lingüísticos, los culturales, los gestuales y que están en intersección con las características étnicas, raciales y de clase de los hablantes (Pennycook toma la idea del arte *assemblage*).

2.3. LAS TEORÍAS DE LA ADQUISICIÓN DE LA LENGUA Y EL BILINGÜISMO

El giro multilingüe también está redefiniendo la forma en que se piensa el proceso de adquisición de las lenguas. Ya no se considera un proceso meramente lingüístico sino que, como propone Canagarajah (2007), la adquisición y uso de las lenguas se da:

> a través de estrategias de actuación, recursos situacionales y negociaciones sociales en contextos comunicativos fluidos. El dominio [de las lenguas] es, entonces, práctico, adaptativo y emergente [...] La adquisición de una lengua es multimodal, multisensorial y multilateral y, por lo tanto, multidimensional. (923. La traducción es mía).

Para los profesores de EpL, esta conceptualización multidimensional del proceso de adquisición, así como la diferencia entre ambos términos, "plurilingüismo" y "translengua", puede parecer abrumadora a primera vista, pero es fundamental para repensar y organizar las dinámicas del salón de clase y los objetivos pedagógicos que estén acordes con las realidades de la juventud latina del siglo XXI.

Pensemos en las ventajas: por un lado, conceptualizar el proceso de aprendizaje de una lengua como "multimodal, multisensorial, multilateral y multidimensional" abre las puertas a nuevas posibilidades de prácticas pedagógicas culturalmente sensibles, ricas, creativas y conectadas a temas sociales y comunitarios relevantes para los jóvenes (hablaré de estas posibilidades en el capítulo 4). Por otro, entender y asumir la diferencia entre un hablante "plurilingüe" y un hablante que "translengua" le da un nuevo horizonte a nuestro trabajo docente: partir de la idea de que estamos trabajando con jóvenes "plurilingües" nos pone en riesgo de asumir una pedagogía basada en la compensación y corrección de errores. Por el contrario, si asumimos que los y las jóvenes latinas "translenguan", el trabajo no es corregir ni compensar sus prácticas discursivas. De nuevo, como García y Otheguy (2019: 11) proponen, nuestro quehacer es visibilizar y validar el uso de esta translengua, *al tiempo* que propiciamos reflexiones críticas que identifiquen la "co-presencia" de esta con instancias donde se usan las lenguas dominantes como el español. El trabajo, continúan estos autores, no es erradicar usos populares ni prácticas de translengüeo sino dar acceso a la forma en que ciertos grupos de la sociedad y sistemas escolares usan los recursos de la lengua dominante. En mi experiencia, conceptualizar las prácticas discursivas de los jóvenes latinos de esta manera no solo no entorpece el trabajo en el aula, sino que lo facilita enormemente al quitar del camino sentimientos de vergüenza y culpa que han internalizado a lo largo de sus vidas justamente por translenguar (Parra *et al.*, 2018).

2.4. Nuestro papel como maestros de EpL: nuevas actitudes y nuevas oportunidades

Las reflexiones teóricas anteriores han tenido como objetivo mostrar que enseñar español a la juventud latina es un trabajo muy distinto al del profesor de español como lengua extranjera. Mientras que los objetivos para estas clases, generalmente, parten de una posición de "plurilingüismo" y buscan desarrollar la apreciación por otras lenguas y culturas (Modern Language Association, 2007), lo que está en juego en las clases EpL es el fortalecimiento de las identidades etnolingüísticas de las y los estudiantes(Carreira, 2004; Parra 2016a). Como ya he sugerido en el Capítulo 1, esto abrirá nuevas posibilidades de participación y agencia social, cultural y profesional en sus comunidades y en la sociedad dominante. Como última parte de este capítulo, presento cinco principios básicos que podemos desprender del cambio de perspectiva teórica que he esbozado en las páginas anteriores y que pueden ayudar a instaurar una dinámica inclusiva e innovadora en las clases EpL. También pueden servirle al profesor como guía de reflexión personal y de antesala al tema de las prácticas pedagógicas que describiré en el capítulo 4.

1. Tener una disposición distintiva hacia el trabajo con estudiantes latinos. Lo que debe guiar nuestro trabajo con jóvenes latinos va más allá del currículum académico particular y se refiere a nuestra relación con cada uno ellos (Parra, 2013a). Debemos tener lo que Schulman (2005) llama "una disposición distintiva" hacia el y la estudiante, la cual implica "pensar, actuar y conducirse con integridad" (Schulman 2005: 52). Como profesores de EpL debemos formar hábitos de trabajo fundamentados en valores y ética; estos se traducirán en prácticas docentes inclusivas de las identidades de las y los estudiantes. El reconocimiento y reflexión crítica sobre nuestros prejuicios raciales y de clase y sobre nuestro papel como autoridad única es fundamental para lograr esta disposición.

2. Establecer un ambiente seguro. Es bien sabido que los afectos juegan un papel central en los procesos de aprendizaje. Dada la ambivalencia que muchas y muchos estudiantes latinos tienen hacia su uso del español y los importantes conflictos de identidad que esta implica (Capítulo 1), hay que hacer del aula un espacio seguro. Hay que generar un ambiente donde los estudiantes se animen a externalizar los mensajes negativos que han recibido sobre su uso del español y su identidad, al tiempo que construyen e incorporan nuevas perspectivas y narrativas a favor de su translengua, multicompetencias lingüísticas e identidades multicultura-

les. Por otra parte, ya que nadie está exento de ideologías y prejuicios, debemos tener presente que los estudiantes también tienen sus propios prejuicios sobre otras comunidades latinas y esto puede formar parte de las dinámicas que se establezcan en el salón. En el aula convergen creencias, sentires y preconcepciones de todos los miembros, estudiantes y profesores, sobre las diferentes variedades del español que hablan unos y otros. Esto quiere decir que además de poner atención a las mencionadas dinámicas de poder entre maestro y estudiante, debemos estar atentos a las diferentes dinámicas que se generen entre los estudiantes mismos. No todas son fáciles de manejar. Por ejemplo, algunos estudiantes han escuchado la idea errónea de que el español caribeño no es "tan bueno" o que el español colombiano es "el mejor" español. O que el "verdadero" español es el castellano que se habla en España. O que el español chicano (hablado por méxico-americanos en Estados Unidos) no es español. ¿Qué hacemos, entonces, cuando tenemos estudiantes colombianos, mexicanos, caribeños y chicanos en un mismo grupo? Profesor y estudiantes nos identificamos entre nosotros por nuestros acentos (Uricuoli, 2008: 271) y se pueden establecer dinámicas de prestigio que debemos reconocer y desactivar para evitar situaciones de discriminación y exclusión dentro del mismo salón. De manera similar, los estudiantes de nivel socioeconómico bajo o de piel morena, pueden sentirse incómodos ante el estudiante latino blanco de clase media. Pueden asumir que el estudiante blanco es incapaz de entender o identificarse con problemáticas sociales y raciales de las comunidades de clase baja o de color. Esto puede ser así o no –de hecho, algunos estudiantes latinos blancos también pueden ser señalados o excluidos por otros grupos de latinos precisamente por ser considerados "blancos"– pero lo que es imperativo es estar atentos a las ideologías, sesgos y afectos que vayan surgiendo entre los estudiantes como parte de las discusiones en el aula. Como maestros debemos ser conscientes, sensibles y hábiles para transmitir que el salón es un espacio donde las y los estudiantes, además de poder expresar sus propias historias, pueden aprender de las historias de sus compañeros y cuestionar y reflexionar de manera crítica sobre sus propias preconcepciones. Ante todo, hay que enfatizar que las contribuciones de todos son valiosas para el descubrimiento y la construcción de nuevo conocimiento y perspectiva crítica sobre lo que es la comunidad "latina": ¿qué nos une y qué nos separa a los "latinos"? ¿Qué nos fortalece y qué nos debilita como comunidad en el país donde radicamos? ¿Qué papel tiene el español en estas dinámicas? La meta es favorecer el entendimiento y el cambio a través de las reflexiones críticas, no del conflicto (Lionnet, 1989). En general, si modelamos una actitud abierta e inclusiva, los estudiantes seguirán dicho modelo.

3. Incorporar los intereses y las motivaciones de los jóvenes. De la misma manera que hay que estar atento al rango de afectos de los alumnos, también debemos considerar el rango de sus intereses y motivaciones para incluirlos en el currículum y las actividades que diseñemos. En varias ocasiones, he escuchado decir a maestros que uno de los principales problemas que enfrentan cuando enseñan a jóvenes latinos es su falta de motivación. Aunque no dudo que esto pueda ser cierto en algunos contextos, no hay joven que no se motive ante temas que sean de su interés. En mi experiencia, al estudiantado latino le interesa mucho aprender, justamente, sobre temas que involucran el uso de la lengua, el cambio lingüístico, el significado social y cultural del translengüeo, las relaciones entre su país de origen y el país donde residen, entre muchos otros temas. Presentaré más temas de interés en el capítulo 4.

4. Asumir la construcción del conocimiento por dos vías. Aunque estamos entrenados para asumirnos como autoridad única que "sabe" todos los usos "correctos" y "prestigiosos" de la lengua, esto no necesariamente es así: quizá las y los estudiantes usen palabras bien conocidas y usadas en sus comunidades que nosotros no conocemos. Al asumir la autoridad única, corremos el riesgo de tener actitudes discriminatorias y excluyentes hacia el habla de los jóvenes, lastimando su confianza e identidad. Por esta razón, debemos evitar posicionarnos como única fuente válida de conocimiento lingüístico. Por el contrario, la disposición más conveniente requiere que asumamos que los jóvenes latinos también pueden contribuir a nuestro aprendizaje y a la generación de nuevos saberes sobre la lengua y las culturas en el aula. En mi experiencia, esta apertura solo trae beneficios. El conocimiento de las variedades del español que tienen los es-

tudiantes (incluyendo su translengua) no se encuentra en los libros de texto y es sumamente valioso. Al incorporar la variación lingüística en las discusiones del aula los estudiantes terminan por aprender nuevas palabras y expresiones de sus compañeros que los enriquecen a todos y les abren nuevas posibilidades de apreciación y comunicación. No sobra decir que, como profesora, más de una vez he aprendido de los estudiantes palabras o usos diferentes de los que ya conocía. No se trata de empobrecer sino de enriquecer el conocimiento lingüístico y cultural de *todos*.

5. Enseñar para transformar. La psicología y la psicopedagogía han demostrado que el aprendizaje significativo no se da a través de la memorización o repetición de reglas. En todo caso, se da a través de una imitación (diferente a la repetición) de modelos que, posteriormente, se pueden usar y transformar de acuerdo con la propia visión, entendimiento, metas y afectos de las y los estudiantes. Esta debe ser la línea de nuestro trabajo en el aula: dar oportunidades y acceso a aprendizajes transformativos (Freire, 2005) que lleven a la juventud latina a tener una nueva percepción y conceptualización de sus capacidades lingüísticas y culturales. Para que esta transformación suceda, y como ampliaré en el capítulo 4, debemos generar una "curiosidad epistemológica" (Freire, 2005) que lleve a los estudiantes a tomar conciencia crítica de aspectos de sus realidades sociolingüísticas de los que no son necesariamente conscientes. Algunas preguntas concretas que pueden despertar la curiosidad epistemológica se pueden desprender de las discusiones teóricas presentadas en este capítulo. Por ejemplo, el uso que hacen algunos estudiantes de formas estigmatizadas y de translengua puede servir como punto de partida para hablar del cambio lingüístico y de la dimensión social de las lenguas (hablaré de la importancia de esta dimensión en el siguiente capítulo): ¿por qué algunas formas caen en desuso para ciertas comunidades y no para otras? ¿Por qué unas formas adquieren prestigio y otras lo pierden? ¿Qué subyace a estos cambios de prestigio? ¿Quién decide y quién adopta los cambios? ¿Por qué unos cambios e innovaciones sí se aceptan mientras otros se rechazan y estigmatizan? Y una pregunta de suma importancia para nuestras clases: ¿cuándo y por qué debemos incorporar el uso de formas prestigiosas? ¿Los

estudiantes tendrían que cambiar su forma de hablar para acomodar usos prestigiosos, aunque no sean los que usen en su vida cotidiana y con sus seres queridos? Como sugeriré en el capítulo 4, este tipo de preguntas y las discusiones que generen pueden iniciar un proceso de "concientización" (Freire, 2005) sobre la dimensión de "poder" que tienen unas formas lingüísticas sobre otras, pero sobre todo del poder que tienen unos hablantes sobre otros, principalmente, a partir de características raciales y de clase social. Este tipo de toma de conciencia es la base de experiencias transformativas de aprendizaje.

Finalmente, autores como Giroux y McLaren (1986) proponen que, para llegar a plantear preguntas que faciliten aprendizajes y cambios significativos en los y las estudiantes, los profesores –cualquiera que sea su disciplina– debemos volvernos "intelectuales transformativos" (del inglés *transformative intellectuals*). Esto quiere decir que tenemos que anclar nuestra práctica docente en un discurso ético y moral que tenga como punto central la conciencia y la preocupación preferencial por las condiciones, los enormes retos y luchas de los y las jóvenes en desventaja y opresión social. Giroux y McLaren afirman que los profesores que asumen el papel de intelectuales transformativos se relacionan con sus estudiantes como agentes críticos y utilizan el diálogo para cuestionar cómo se produce y distribuye el conocimiento, en nuestro caso, lingüístico y cultural. Este es el tema del siguiente capítulo, donde reflexionaré sobre la importancia de revisar nuestra definición de "el español" así como los mecanismos de producción y distribución de esta lengua, en sus modalidades oral y escrita, en las comunidades hispanohablantes.

3

NUESTRO OBJETO DE ESTUDIO:
EL ESPAÑOL EN TODAS SUS DIMENSIONES

Quizá el trabajo más importante y productivo en mi propia experiencia docente ha sido revisitar, una y otra vez, lo que yo misma entiendo por "el español" a la luz de mis interacciones con la juventud latina y de las propuestas teóricas presentadas en el capítulo anterior. El resultado ha sido una noción del español amplia, que trasciende mi propia forma de hablar como mujer mexicana de clase media urbana, con estudios en lingüística hispánica; es más flexible, más abierta a otras formas de habla y a los cambios e innovaciones que surgen en nuevos contextos sociales y culturales. También se ha vuelto más crítica y sensible a los discursos que promueven la discriminación lingüística. He tomado conciencia de las diferentes circunstancias sociales dentro de las cuales el acceso al conocimiento de la lengua se da para unos –estudiantes de la sociedad dominante que estudian el español como lengua extranjera–, pero no para otros –generalmente, la población latina–. Este trabajo de reflexión personal ha sido lento y ha ido acompañado de un grado de ansiedad importante. Además de haber tenido que reconocer mis propios prejuicios, constantemente me pregunto: ¿hacia dónde va "el español"? ¿Hacia dónde va el español de los jóvenes con quienes interactúo? ¿Hacia dónde va *mi* español? O, mejor dicho, ¿dónde se está quedando con sus palabras y sus expresiones que ya no se usan en México? ¿Dónde acabará el español que hablan mis hijos, que nacieron en Estados Unidos y que –al igual que muchos de mis estudiantes– usan ciertas innovaciones lingüísticas y formas de lo que se considera español estadounidense, al mismo tiempo que usan ciertos mexicanismos míos, pero no conocen los usados por los jóvenes mexicanos de hoy? ¿Refuerzo mi forma de hablar mexicana y censuro sus estadounidismos? ¿O doy la bienvenida a las nuevas palabras y las prácticas translingüísticas que ellos usan pero que no se entienden e incluso se estigmatizan en México?

En contextos de migración, tanto los cambios en la lengua como las ansiedades ante ellos se magnifican. Muchas madres y padres sentimos que cuando los hijos no nos responden en español y prefieren el inglés (u otra lengua mayoritaria), los "perdemos" (Valdés, 2019, comunicación personal). Estas ansiedades también las llevamos al salón de clase en forma de resistencia y exclusión de la translengua de los estudiantes. Por ello, considero importante que nos detengamos a pensar en lo que significa "el español" para cada uno de nosotros, así como en los niveles de ansiedad que nos producen las innovaciones lingüísticas que presenciamos en el habla de las y los estudiantes latinos, de nuestras familias y de nuestras comunidades.

Tratar y pensar en el tema de la translengua y el cambio lingüístico en el español de hoy debe ser un recordatorio de que la historia de esta lengua es, precisamente, una de migración y de cambio debido al contacto con otras lenguas y culturas. Estas reflexiones no son triviales ya que implican enfrentar la tensión que existe entre la diversidad dialectal de las comunidades hispanohablantes alrededor del mundo –con sus propios cambios lingüísticos al interior– y el ideal de una sola comunidad idiomática (Moreno- Fernández, 2007) bajo el que tendemos a operar como profesores de español.

En este capítulo haré, entonces, algunas reflexiones básicas sobre nuestro objeto de estudio y enseñanza, el español, y sobre nosotros mismos como "maestros" con la misión de "enseñarlo" y preservarlo. Empezaré con una breve mención de los beneficios que tiene para nuestro trabajo docente incorporar las dimensiones geográfica, histórica y social de la lengua. Posteriormente, ya que nuestro trabajo se desarrolla en contextos de migración, hablaré de algunas características propias del español cuando convive con una lengua mayoritaria, como por ejemplo el inglés en los Estados Unidos, y de algunos fenómenos que se dan cuando entran en contacto diferentes variedades del español en la comunidad o en la familia. Ante la diversidad y las múltiples dimensiones de la lengua, terminaré el capítulo tratando de contestar a la pregunta: ¿qué español incluir en nuestras clases EpL?

3.1. LAS DIMENSIONES GEOGRÁFICA, HISTÓRICA Y SOCIAL DEL ESPAÑOL

Los profesores Moreno Fernández y Otero (2007) nos recuerdan que el español contiene una gran diversidad de geolectos que representan las variedades dialectales de diversos territorios. La historia y dinámicas sociales de cada uno de estos territorios se entrelazan para matizar dichas variedades. Tenemos, por ejemplo, cinco zonas dialectales en América Latina con veinte países; los cinco dialectos septentrionales y seis meridionales que se encuentran en España; las hablas criollas como el papiamento y el palenquero en América y el chabacano y el chamorro en Asia; y el judeoespañol, sin un territorio concreto. Todos ellos poseen características léxicas y algunas sintácticas que los distinguen. A su vez, dentro de un mismo país también hay diversidad entre regiones, entre diferentes estados y entre zonas rurales y urbanas. Dentro de estas zonas tenemos variedad en el habla de las diferentes clases sociales que las conforman (de esto hablaré más adelante). Moreno Fernández (2007) sugiere que lo que conocemos hoy como "español" tiene la doble propiedad de la unidad y la diversidad: se dice que existe una sola comunidad idiomática (todos hablan español), pero con "una multiplicidad de comunidades de habla, en las que la competencia comunicativa presenta perfiles propios y distintivos" (55).

Ante esta aseveración, vale la pena reflexionar sobre dos puntos fundamentales. Primero, reconocer esta diversidad y unidad es un primer paso fundamental en nuestro quehacer docente, ya que a nuestro salón pueden llegar estudiantes de diferentes países hispanohablantes. Sin embargo, como ya he mencionado en el capítulo anterior, el tema central para nosotros va más allá del reconocimiento de la diversidad dialectal. Tiene que ver con las relaciones de prestigio y de poder que se establecen entre los hablantes de estas diferentes variedades de español y que acaban por determinar la inclusión y/o exclusión de ciertos hablantes a ciertas comunidades de práctica hispanohablante. Segundo, aunque generalmente operamos bajo la idea de "una" comunidad hispanohablante, suficientemente homogénea y estable, como mencioné en el capítulo anterior, no hay que olvidar que muchas comunidades hoy hispanohablantes, históricamente han sido multilingües y multiculturales, y precisamente por eso, quizá una de las más creativas y dinámicas del mundo (Moreno Fernández, 2013). A través de complejísimos procesos históricos, sociales y culturales, el español se ha entretejido con muchas otras lenguas y culturas (profundizaré sobre este tema más adelante). Sin embargo, a excepción del caso de Estados Unidos, el español ha terminado por impornerse como lengua mayoritaria relegando el bilingüismo y multiculturalismo que caracterizan a la mayoría de los hablantes de España y las Américas. Hasta la fecha, la identidad nacional, las políticas lingüísticas y educativas de la población general de estos territorios se definen desde el monolingüismo y el monoculturalismo en español, dejando en segundo plano para la vida nacional a las otras lenguas.

En contraste, en Estados Unidos, el español hablado por hijos de la migración es considerado una lengua minoritaria y está sometida a las políticas lingüísticas y educativas del país en cuentión. Son pocas las opciones educativas en español que se ofrecen a estos grupos. Pero, curiosamente, en estos mismos contextos, el español se enseña en las escuelas como lengua extranjera y se valora desde la perspectiva del plurilingüismo, también revisada en el capítulo anterior. Se da acceso al conocimiento lingüístico a la población mayoritaria, pero se limitan las opciones y acceso al aprendizaje del español para las minorías hispanohablantes.

Las reflexiones anteriores nos dejan ver la importancia de considerar la dimensión social y política del español: el valor de esta lengua y sus variedades tiene que ver, principalmente, con quiénes las hablan y quiénes deciden las políticas lingüísticas y educativas. Históricamente, el prestigio y el poder de la lengua se concentran en los centros urbanos y en las clases medias y altas donde se generan las normas y usos cultos. En nuestros países hispanohablantes de origen los niños, las niñas y jóvenes que viven en ciudades y pertenecen a estas clases sociales crecen dentro de ecologías que les dan acceso a estas normas y usos cultos. Por lo tanto, las usan en lo oral y en lo escrito, al tiempo que las comparten con el sistema educativo. El sociólogo francés Pierre Bordieu (2001) propone que este conocimiento lingüístico representa un capital social –da acceso a ciertos grupos y redes sociales– y cultural –da acceso a cierto conocimiento– que da ventajas y poder a quienes la saben usar. En contraste, las y los jóvenes latinos que llegan a nuestras clases generalmente vienen de áreas rurales o urbanas marginadas donde no se usan las normas cultas y se mantienen usos que las clases medias y altas estigmatizan. Si pertenecen a grupos originarios, el español puede ser su segunda lengua y quizá usen una translengua lengua originaria-español, con poca alfabetización en este último. Estas circunstancias y la discriminación que se desencadena a partir de la racialización y las formas de habla de estos grupos limitan sus posibilidades de acceso y participación cabal como usuarios de la lengua oral y escrita en sus comunidades tanto locales como transnacionales.

Entonces, como profesores de español, debemos ser conscientes de que, en nuestras sociedades, los recursos lingüísticos y educativos no están distribuidos de manera equitativa, lo que resulta en situaciones de desigualdad y discriminación que no podemos pasar por alto. La disparidad de acceso a los recursos en español se hace aún más evidente cuando pensamos que un país como Estados Unidos, con casi 60 millones de latinos, aproximadamente el 18% de la población total, con un 75% que se identifica como hispanohablante, no ofrece suficientes programas para alfabetizar a esta población en español. Por el contrario, es la juventud de la sociedad dominante (en este caso anglohablante) la que tiene más acceso a la instrucción formal del español, dado que tienen oportunidades de tomar clases de español como segunda lengua a partir del nivel medio superior (recordemos que estas no son las clases ideales para el alumnado latino). Así, al igual que las normas cultas, el bilingüismo se facilita a los estudiantes de la sociedad dominante, clase media y alta con acceso a la educación, pero se obstaculiza o estigmatiza para las minorías a través de las políticas educativas y lingüísticas diseñadas para asimilarlos a través de la lengua dominante.

Cabe hacer una reflexión más sobre la intricada dimensión social del español y cómo afecta nuestras prácticas docentes y la propia relación con los estudiantes: en nuestro entusiasmo por promover la lengua y dar acceso a las normas y usos cultos tendemos a hablar de las ventajas profesionales y económicas de usar el español. Ahora se dice que los profesionales bilingües tienen mayores oportunidades y son mejor pagados. También subrayamos que conocer la lengua facilita tanto los viajes como el conocimiento y la comunicación con otras culturas. ¡Qué mejor destreza para nuestro mundo globalizado! No obstante, si bien todo esto es cierto, hay que ser consciente de que esta visión del español enfatiza el valor comercial de la lengua y la mercantiliza. No podemos olvidar que el español, para la mayoría de los jóvenes latinos y para nosotros profesores fuera de nuestros países de origen, tiene un gran valor principalmente para la definición de nuestra identidad. Pensar sobre quiénes somos –docentes y estudiantes– a partir de nuestros usos de la lengua, cultos, populares, y quizá ya translingüísticos, es parte fundamental de nuestro trabajo en el aula.

3.2. EL ESPAÑOL EN CONVIVENCIA CON LA LENGUA MAYORITARIA

En esta breve sección, revisaré de nuevo el caso de la comunidad latina hispanohablante en los Estados Unidos para ejemplificar algunos fenómenos y dinámicas lingüísticas que se pueden generar en comunidades minoritarias que hablan una lengua y que conviven intensamente con la sociedad dominante y su lengua. En este caso particular, hay que recordar que la convivencia entre el español y el inglés se ha mantenido a lo largo de toda una historia entre ambos países y se ha dado entre diferentes variedades dialectales tanto del inglés como del español.

Gloria Anzaldúa (1999), crítica cultural mexicoamericana, reconoce la convivencia de los siguientes dialectos en el territorio fronterizo entre ambos países: inglés estándar, jerga en inglés de la clase trabajadora, español mexicano estándar, español mexicano del norte del país, español chicano (Texas, Nuevo México, Arizona y California que, a su vez, tienen sus variantes regionales), tex-mex y pachuco (caló). Esta diversidad también se da en las comunidades de descendencia caribeña y que tienden a radicar en el noreste de los Estados Unidos como Nueva York y Nueva Inglaterra. Por ejemplo, en el libro *Growing up bilingual*, Zentella (1997) menciona que, en el Barrio, los "Nuyorricans" hablan español puertorriqueño estándar y no estándar, inglés puertorriqueño, inglés vernáculo afroamericano, inglés hispanizado e inglés estándar de Nueva York (para ampliar este tema en la zona de Nueva York ver Otheguy y Zentella, 2012).

Como profesores EpL en Estados Unidos debemos considerar que muchos jóvenes latinos crecen expuestos y usan variedades similares a las ejemplificadas. La convivencia intensa entre variedades del español y el inglés ha dado como resultado que estas incluyan fenómenos como los llamados "préstamos" (la troca/*the truck*), "calcos fraseológicos" (te llamo pá tras/*I'll call you back*), "calcos semánticos" (realicé que tengo un examen / *I realized I have an exam*), entre otros. A este tipo de fenómenos se le ha dado el nombre general de "Spanglish", que en ciertos contextos se usa como estandarte de orgullo de la comunidad latina en Estados Unidos, pero en otros se usa como término peyorativo por considerar que la mezcla lingüística representa el desconocimiento de ambas lenguas (Otheguy y Zentella, 2009). Otros lo consideran una forma más de español popular que responde a las necesidades comunicativas de distintas regiones en Estados Unidos, como lo hace cualquier otra forma del español popular en nuestros países hispanohablantes (Otheguy y Stern, 2010).

Términos como "spanglish", pero también "frañol", "itañol", "portuñol" nos dan idea de que la convivencia del español con otras lenguas se da continuamente y ha sido parte de la historia de la lengua misma. Basta recordar la riqueza que vino del contacto con las lenguas mozárabes (hoy se estima que hay 4.000 palabras del español que vienen del árabe) y de las lenguas originarias de las Américas (náhuatl, quechua, taino, lenguas maya). Estas últimas se incorporaron al léxico del español para nombrar las nuevas realidades de las Américas. A lo largo de la historia y del contacto entre culturas ibéricas, mozárabes y las originarias de las Américas, las palabras de unas y otras lenguas se tomaron prestadas, se adaptaron a la fonología del español y hoy en día nadie se sobresalta o piensa que mezclamos el español con el árabe o con el náhuatl, maya, taino o quechua. Al contrario, se valora esta riqueza lingüística. Este fenómeno de convivencia lingüística sigue y seguirá.

El intercambio lingüístico continúa. Los lectores seguramente estarán al día de las muchas palabras del inglés que hoy se usan en el español de nuestros países de origen: se usan para nombrar las nuevas tecnologías, nuevos objetos, emociones y realidades. También se adaptan a la fonología que prefieran los diferentes países de habla hispana (por ejemplo, hay lugares donde el "wifi" se pronuncia /waifai/ mientras en otros /wifi/). Nos guste o no, hay muchas palabras del inglés que se han vuelto parte del español, principalmente en las zonas de frontera, pero que también llegan a los círculos urbanos. Por ejemplo, en México, uno de los cambios más evidentes que he notado en los últimos años es la incorporación de la palabra "aplicar" que está sustituyendo "solicitar" o "postular." Se oye cada vez más que los chicos van a "aplicar" a la universidad y que hay que llenar "la aplicación." Sin embargo, hay que subrayar que, si bien este préstamo se acepta en el habla de los mexicanos, se estigmatiza en el habla de los jóvenes latinos en Estados Unidos. De nuevo, nos enfrentamos a la dimensión social y racial de la lengua: ciertos usos se aceptan en unos, pero se estigmatizan en otros.

Otros fenómenos que se han identificado como resultado de la convivencia entre el español y el inglés en los Estados Unidos –y que son relevantes para nuestras clases– es lo que algunos consideran simplificaciones de la sintaxis y del sistema verbal del español. Por ejemplo, en sus estudios transgeneracionales con familias de Los Ángeles, California, Silva-Corvalán (1994) observó una tendencia en los latinos de segunda y tercera generación a usar las formas del pretérito sobre las del imperfecto y el presente del indicativo sobre el presente del subjuntivo. También observó una disminución en el uso del condicional y tiempos compuestos como el futuro perfecto. Otros investigadores han notado que los jóvenes latinos tienen dificultades con el uso de la concordancia de género y la elisión de elementos como la "a" en estructuras como "a Juan le gusta estudiar español".

Hay que repetir que, si bien todos estos fenómenos representan cambios en la lengua, estos se identifican *en comparación* con el español de países donde este es la lengua dominante, que sigue una ideología que privilegia las normas monolingües. El cambio en la lengua no quiere decir que las variedades, establecidas o emergentes, sean menos sofisticadas lingüísticamente o menos eficaces desde el punto de vista comunicativo. Hay que recordar que la aceptación y la valoración que hacemos de innovaciones y cambios lingüísticos tienen más que ver con el origen del que habla y del que escucha (Flores y Rosa, 2015) que con la lengua misma.

3.3. El contacto entre variedades del español en la comunidad

También tenemos que considerar que muchos de los y las estudiantes latinos que llegan a nuestros salones han crecido dentro de comunidades y familias donde no solo conviven el español y el inglés, sino también conviven distintas variedades de español. En una sola comunidad pueden confluir variedades de diferentes países hispanohablantes, regiones (urbanas y rurales), clases sociales. Tenemos que considerar este fenómeno incluso en países como España y México, donde hoy día llegan migrantes hablantes de diferentes variedades del español, principalmente centroamericanas.

Este contacto entre variedades del español también genera fenómenos interesantes de intercambio léxico, sintáctico y semántico. Las personas de una comunidad pueden empezar a usar palabras o formas de otras comunidades de habla hispana. Como ejemplo está el fenómeno llamado "nivelación", por el cual una forma muy usada en una comunidad baja de frecuencia al estar en contacto con otra variedad de otro país donde dicha forma no se usa con la misma frecuencia, y viceversa. Tal es el caso del uso del pronombre singular de segunda persona ("tú") que se usa de manera diferente en las comunidades caribeñas y las mexicanas. Los caribeños tienden a decir "¿Qué tú quieres?" mientras que los mexicanos dicen "¿(Tú) Qué quieres?" Una vez que miembros de ambas comunidades hablan entre ellos y sus variedades conviven, la frecuencia del uso del pronombre "tú" en los hablantes caribeños baja, mientras que aumenta en los mexicanos (Dumitrescu, 2015).

Pero más importante aún es el hecho de que, como ya he recalcado, dentro de las variedades del español también existe una jerarquía de prestigio que se impone en las interacciones entre los mismos hispanohablantes. Por ejemplo, muchos estudiantes asumen que el español de España (entiéndase el de Madrid) es más prestigioso que el de Latinoamérica. Dentro de Latinoamérica, las investigaciones han demostrado que el español caribeño con su elisión de consonantes tiende a percibirse como menos prestigioso. Y aún dentro de los países caribeños –igual que en otros países hispanohablantes– el español hablado por miembros de clase media, con piel clara y con niveles altos de educación se considera más prestigioso que aquel hablado por clases bajas de piel oscura y con poca educación (Zentella 1990; De Genova y Ramos-Zayas 2003).

3.4. LAS VARIEDADES DEL ESPAÑOL EN LA FAMILIA

Quizá tengamos estudiantes que vivieron estas mismas dinámicas de prestigio dentro de su propia familia. Hay jóvenes que crecen expuestos a dos variedades distintas de la lengua como es el caso de la comunidad de "mexiricans" en Chicago (Potowski, 2017), donde los niños crecen con un progenitor de México y otro de Puerto Rico. En estos casos, los niños deben elegir entre distintos vocabularios, algunas diferencias en el uso de la sintaxis (pensemos en el ejemplo del uso del pronombre "tú" que he presentado) y aspectos culturales. Otros chicos crecen con padres hispanohablantes de diferentes generaciones y quizá acostumbrados a las prácticas translingüísticas. Entonces, ¿qué variedad adquieren las niñas y los niños en estos ambientes? ¿Qué conocimiento cultural desarrollan? ¿Con cuál de las dos culturas latinas se identifican? Todas estas preguntas se pueden explorar en el aula, como veremos en el próximo capítulo.

Un último ejemplo de convivencia intensa de variedades del español a las que está expuesta mucha de la juventud latina y seguramente algunos profesores, nos lo presenta la investigación de Valdés (2011), quien identifica las siguientes variedades nativas y no nativas del español a las que estuvieron expuestas sus dos nietas entre la casa y la escuela: el español urbano de la ciudad de México de las niñeras y el español estándar del norte del país (México) de la abuela; las variedades nativas y no nativas de las profesoras; el español de sus compañeritos de zonas rurales de México recién llegados a Estados Unidos, y el español de sus pares (nativos y no nativos). Finalmente, el español "estándar" que se presenta en los libros de texto.

Es necesario, pues, que reconozcamos las historias detrás del español de las y los jóvenes que llegan al aula. Todas ellas son complejas y ricas. Cada uno de nuestros alumnos puede hacer contribuciones importantes si se le da cabida a sus experiencias sociales y a su conocimiento lingüístico-coloquial, culto (que muchos tienen) y de translengua. La forma en que nosotros interpretemos el habla de estos jóvenes será crucial: si una joven en medio de una conversación cambia, por ejemplo, del español al inglés ¿quiere decir que no sabe las palabras en español para terminar su mensaje? ¿O hay algún significado que intenta transmitir que sería más preciso decir en inglés?

Tomar en consideración las dimensiones históricas, geográficas y sociales de la lengua, así como los fenómenos que se dan como resultado de la convivencia entre hablantes de diferentes lenguas y variedades del español, en la comunidad y en la casa, nos dará la oportunidad de: a) resignificar lo que consideramos "el español" desde un punto vista sociolingüístico, histórico y crítico que reconoce no solo las variedades dialectales sino las diferencias de prestigio entre estas; b) problematizar las reacciones negativas hacia prácticas lingüísticas que no se ajustan o se alejan de las normas monolingües; y c) poner sobre la mesa la ansiedad que genera la inevitabilidad del cambio lingüístico.

Considero que es importante explicitar que la ansiedad aumenta, en parte, porque nuestros afectos y quizá nuestro mismo trabajo, junto con nuestro sentido de identidad como hispanohablantes –a nivel individual, familiar, comunitario e institucional– se siente, muchas veces, amenazado. Perder la posibilidad de tener experiencias compartidas, por ejemplo, entre padres, abuelos e hijos, usando los mismos recursos lingüísticos y culturales no es un asunto trivial, está cargado de afectos importantes para todos. Por último, los cambios lingüísticos, sobre todo los locales, también podrían, eventualmente, poner en evidencia la dificultad para mantener el ideal de unidad de la comunidad hispanohablante. Nuestra comunidad es inmensa, creadora e innovadora; no ha dejado ni dejará de cambiar. Lo cual no implica su desintegración o desaparición.

3.5. Entonces, ¿qué español incluir en nuestras clases?

Ante los requisitos y expectativas institucionales concretas y ante las expectativas de los propios estudiantes de aprender español para tomar cursos más avanzados, la pregunta de qué español incluir y enseñar en nuestras clases es muy importante y, desde luego, hay que contestarla. Para ello necesitamos hacer algunas consideraciones. Primero, la complejidad sociolingüística presentada en las páginas anteriores parece complicar la respuesta a esta pregunta: se vuelve borrosa la idea de enseñar "el" español. También hay que pensar qué es lo que vamos a poder "enseñar" y qué no. Nuestra experiencia como hispanohablantes y estudiosos de lenguas, así como nuestro trabajo como docentes de español nos ha dado evidencia suficiente para saber que no todas las cuestiones lingüísticas "se enseñan" ni "se aprenden". Eventualmente, se identifican y se incorporan en el habla en respuesta a necesidades comunicativas específicas. ¿Qué necesidades comunicativas específicas tienen las y los estudiantes latinos?

Por otra parte, generalmente, apoyamos nuestro trabajo con libros de texto. Pero debemos considerar los límites de estos en las clases de EpL. Los libros de texto de lengua suelen ser abstracciones y simplificaciones del habla (Moreno Fernández, 2007). Muchos latinos ya usan las estructuras que se incluyen en dichos textos y muchas otras más. El español que usa la juventud latina, incluyendo la translengua, es un recurso invaluable que no está en los libros y que debemos aprovechar como parte de nuestras clases (Fairclough, 2016; Martínez 2003). Es el mejor ejemplo del dinamismo, vitalidad y complejidad del español como lengua y cultura viva en nuestros tiempos. En todo caso, lo que, generalmente, no conoce el alumnado latino es la terminología gramatical. Pero esta terminología tiene poco uso y relevancia tanto en la vida cotidiana de cualquier hispanohablante como en la mayoría de los ambientes profesionales. Desde luego, se puede enseñar, si el profesor considera que será de utilidad para tener acceso a clases subsiguientes. Pero la enseñanza de la terminología gramatical no lleva a un aprendizaje significativo o transformativo.

La respuesta a qué español incorporar en nuestras clases tiene que ver entonces con dos puntos principales:

1. Las comunidades representadas en el aula, incluyendo la del profesor. No vamos a usar una variedad de la lengua que no está presente, aunque podemos hablar de ellas como parte de la riqueza de la lengua. Cada quien puede usar su propia variedad. La clase se volverá un acervo de información léxica valiosísima.

2. Los intereses y las necesidades funcionales y comunicativas de los estudiantes (Moreno Fernández, 2007; Carreira 2007). La guía más efectiva para el diseño curricular de las clases para latinos no es la secuencia gramatical a la que estamos acostumbrados en las clases de lengua extranjera sino la diversidad de contextos de interacción y uso: ¿para qué van a necesitar el español los estudiantes? ¿Van a escribir cartas de presentación, solicitudes de becas o de trabajos? ¿Van a presentar sus investigaciones en contextos académicos? ¿Quieren seguir estudiando en los cursos avanzados de nuestro departamento? ¿Están interesados en la literatura y escritura creativa? ¿A qué recursos y herramientas deben entonces tener acceso para cumplir sus metas?

A manera de conclusión de este capítulo podemos decir que en nuestras clases de EpL hay que (re)conocer la historia común y la diversidad de la lengua con sus variedades geográficas, sus usos populares, de translengua y cultos. Pero también hay que reflexionar de manera crítica sobre los procesos históricos, sociales y políticos que han impuesto jerarquías de prestigio entre las variedades y sus hablantes y las ideologías que quieren determinar quién pertenece a la comunidad hispanohablante y quién no. Me atrevo a decir que nos encontramos en un momento particular donde la magnitud de la migración y crecimiento de poblaciones hispanohablantes que viven y conviven con culturas en otros territorios fuera del de origen –incluyendo diferentes territorios hispanohablantes– está haciendo que la intersección entre el uso del español, la identidad nacional y la identidad etnolingüística sean temas de primordial importancia para la educación de nuestras comunidades en el siglo XXI. En el siguiente capítulo daré algunas ideas concretas sobre cómo llevar estas dimensiones sociolingüísticas y de identidad a la práctica docente, al tiempo que generamos posibilidades de uso e interacción en la lengua para enriquecer el repertorio en español de las y los estudiantes latinos.

4

UNA GUÍA PEDAGÓGICA PARA EL AULA EpL

En los capítulos anteriores he esbozado los marcos teóricos y las directrices que subyacen a las nuevas formas de conceptualizar nuestro quehacer en el aula, principalmente en lo que se refiere a la relación con los jóvenes latinos y a nuestra idea de lo que es el español. ¿Cómo aterrizar estas teorías y principios en las prácticas docentes concretas en el salón de clase? En este capítulo, presentaré algunos principios pedagógicos básicos que pueden orientar este trabajo.

Para empezar, vale la pena recordar que el diseño de cualquier tipo de curso se beneficiará de un marco claro de planeación que facilite la alineación entre objetivos, contenidos, actividades y evaluación. El marco del "diseño en retrospectiva" (del inglés "backwards design") (Wiggins y McTighe, 2005), muy reconocido en el campo de la educación y de la enseñanza de las lenguas, puede ser una buena guía. El marco consta de las siguientes fases: a) definir las metas y prioridades (a corto y largo plazo) incluyendo aquello que necesite el estudiante para continuar en clases subsiguientes; b) decidir los temas y las unidades apropiadas (la profesora también debe decidir la distribución y secuencia temática a lo largo del currículum para cubrir y alcanzar, en la medida de lo posible, sus objetivos); c) planificar las experiencias concretas de aprendizaje (tipo de recursos, oportunidades –dentro y fuera del aula– que el estudiante necesita para lograr sus metas); d) decidir cuál va a ser la evidencia del aprendizaje por parte de los estudiantes: ¿cómo vamos a saber que el estudiante ha aprendido lo que esperábamos? ¿Qué destrezas, dentro de qué contextos y con qué tipo de herramientas podemos evaluar su aprendizaje de manera integral en las áreas que nos interesan?

Siguiendo esta propuesta, el capítulo está dividido en 5 secciones. En la primera, presentaré algunas consideraciones generales para la organización de las clases EpL. La consideración inicial es identificar el contexto de enseñanza. El más común hoy día son las clases mixtas donde asisten estudiantes de español como lengua extranjera y algunos latinos, o bien latinos y latinas con acervos distintos de recursos en español. Es fundamental identificar las diferencias y similitudes entre los estudiantes en estos contextos para el resto de la organización de nuestras clases. La segunda consideración refiere a la definición de los objetivos –lingüísticos, académicos y culturales– que se proponen como fundamentales para los cursos para latinos. Por último, está la importancia de conocer los principios de la instrucción diferenciada para la organización de las estrategias pedagógicas, tengamos una clase mixta o solo de estudiantes latinos. En la segunda sección, hablaré de la importancia de seleccionar temas significativos y relevantes para la juventud latina –incluyendo la conexión con las comunidades locales– que lleven a discusiones ricas y faciliten el uso del discurso extendido. En la tercera, como guía para el trabajo con la lengua escrita, presentaré los principios básicos del marco de la Literacidad múltiple (LM) (Kalantzis *et al.*, 2016). Hablaré de la relevancia de incluir en nuestras clases una gama de materiales y géneros textuales que respondan a propósitos comunicativos específicos e incluyan la variedad dialectal. Para complementar la propuesta de la LM también incluiré las propuestas de la pedagogía de Freire (2005) para despertar la curiosidad epistemológica y fomentar la conciencia crítica en los y las jóvenes con respecto a su entorno sociolingüístico. En la cuarta sección, reafirmaré que la mejor forma de expandir el repertorio lingüístico de los estudiantes y darles acceso a los usos cultos es un marco funcional que les permita aprender qué recursos usar para elaborar texto, con propósitos comunicativos específicos. Este acercamiento también da la posibilidad de que los estudiantes ejerzan su propia agencia y elijan los recursos que consideren que funcionan mejor para transmitir los significados y mensajes que ellos desean. En la quinta y última sección, hablaré de la necesidad de diseñar formas de evaluación sumativa y formativa que de información tanto del desempeño de los jóvenes, como del funcionamiento del curso en general.

4.1. Consideraciones generales para la organización de las clases de EpL

4.1.1. Los contextos de enseñanza: entre las diferencias y las similitudes

Sin duda, el escenario ideal es aquel donde tenemos un grupo de estudiantes latinos con recursos similares en español y con afinidades culturales y motivacionales. Sin embargo, este es el menos común. En general, trabajamos con grupos de estudiantes latinos con diferentes acervos de español o con clases mixtas donde se reúnen estudiantes de lengua extranjera con algunos pocos latinos. El trabajo en cada uno de estos contextos es muy distinto y requiere destrezas diferentes por parte del profesor para lograr un ambiente enriquecedor. Debemos manejar constantemente las diferencias y las similitudes de nuestro alumnado, junto con el estrés que pueden generar estas situaciones. Tener claras las características del conjunto de estudiantes con el que trabajaremos es crucial para la planeación y buena dinámica del curso. A continuación, presentaré algunos lineamientos generales para el trabajo con clases mixtas para facilitar esta tarea.

4.1.2. Identificando las diferencias

La Tabla 1 presenta las diferencias más significativas entre los estudiantes de lengua extranjera y los latinos. En resumen, estas refieren a: (a) el estatus social de ambos grupos, cada uno con una conexión afectiva con el español muy diferente; (b) los contextos y edades de adquisición o aprendizaje del español: mientras los latinos lo aprenden en casa desde edades tempranas, los otros, generalmente, lo aprenden en el contexto escolar, a partir de la adolescencia. Esto trae consecuencias a todos los niveles de la lengua: los jóvenes latinos tienen una fonología y léxico más cercanos al de sus comunidades de origen, lo cual tiende a percibirse como una "ventaja" (todavía pensada desde la idea ya cuestionada de "hablante nativo"). No obstante, también hay diferencias que favorecen a los estudiantes no latinos que han aprendido la lengua en el contexto escolar: en general, tienen conocimiento de la terminología gramatical –que todavía se privilegia en los programas de lengua, aunque no se use en la vida cotidiana– y han tenido más oportunidades de usar la lengua escrita en contextos académicos. Como resultado, estos estudiantes tienden a tener un mayor equilibro entre sus habilidades orales y escritas, mientras que los estudiantes latinos pueden tener un nivel avanzado de oralidad, pero no así de lectoescritura. Por otra parte, muchas veces estos estudiantes usan estructuras complejas de la lengua, pero no necesariamente saben los nombres técnicos (i.e. futuro simple, presente perfecto, pluscuamperfecto del subjuntivo). Esto es importante si pensamos que las formas de evaluación se estructuran, casi siempre, a partir de la interpretación de esta terminología. Las y los estudiantes latinos están en desventaja.

Pero quizá la diferencia más importante entre estos grupos tenga que ver con los motivos para estudiar la lengua y lo que está en juego. Como ya he dicho varias veces, para las y los latinos se trata de conectar con sus identidades y respectivas comunidades, mientras que para los estudiantes de lengua extranjera se trata de un requisito académico, ir de vacaciones a un país hispanohablante o, genuinamente, aprender la lengua y la cultura para conectar con comunidades hispanohablantes.

	Estudiantes Latinos	Estudiantes de lengua extranjera
Estatus social	Minoría	Minoría no Latina/Dominante
Contexto de adquisición y aprendizaje de las lenguas	La casa	La escuela
Edad de adquisición	Temprana	Tardía
Relación con la lengua	Afectiva, relacionada con cuestiones de identidad.	Académica, relacionada con cuestiones de mercantilización
Fonología	Con acento cercano al de sus comunidades de origen.	Con acento cercano a su lengua materna
Conocimiento léxico	Variedades populares de su comunidad	Variedades estandarizadas de los libros de texto
Conocimiento de terminología gramatical	Desconocido	Conocido

Alfabetización en español	Poca o nula	Incipiente, media o avanzada
Conocimiento cultural	Fuerte	Débil o inexistente
Razones para el estudio de la lengua	Conexión con la identidad; expansión	Adquisición de un bien mercantil.

TABLA 1. Resumen de las principales diferencias entre estudiantes latinos y de lengua extranjera.

La consecuencia de estas diferencias y el gran reto para el profesor es la ansiedad que estas despiertan en ambos grupos. Por un lado, los estudiantes no latinos se sienten intimidados por las habilidades orales y conocimiento cultural de los jóvenes latinos; por otro, estos últimos se aburren ante las limitaciones de algunos estudiantes de lengua extranjera a la vez que se sienten inseguros ante el conocimiento que estos tienen de la terminología gramatical y de las habilidades de lectoescritura.

Ante este escenario, una primera sugerencia es tener clases (mixtas y de latinos) donde los estudiantes compartan un nivel similar de habilidades orales. Dadas las necesidades de alfabetización que encontramos en los estudiantes latinos, tendemos a colocarlos en las clases de acuerdo con su nivel de lectoescritura. No obstante, es mucho más difícil trabajar con una clase donde unos estudiantes hablan más fluidamente que otros. Por el contrario, si los estudiantes dentro de un grupo comparten el nivel oral, el trabajo en el aula puede ser dinámico y enriquecedor para todos. Las diferencias en la lengua escrita no son tan problemáticas para la interacción en clase y se pueden trabajar a través de comentarios a las tareas escritas, ejercicios de edición por parte de los pares o en nuestras horas de oficina, donde el trabajo uno a uno rinde más frutos.

4.1.3. Trabajando con las similitudes

Por otra parte, también es importante enfocarnos en las similitudes a nivel de metas para ambos grupos. Todos son jóvenes interesados en acercarse a la lengua y cultura (si bien desde lugares distintos y por diferentes razones). Carreira (2016a) ha propuesto que el trabajo con clases mixtas debe compartir objetivos comunes alrededor del desarrollo de: a) las habilidades lingüísticas orales y escritas; b) la conciencia lingüística y el entendimiento transcultural; así como c) las conexiones con las comunidades. Ahondaré en la definición de los objetivos en la siguiente sección, pero, por el momento, baste decir que Carreira sugiere diseñar, por un lado, experiencias pedagógicas donde ambos grupos colaboren y contribuyan con el conocimiento que mejor manejan y, por otro, actividades donde ambos grupos enfrenten el reto de desarrollar su conocimiento en el área en la que tengan menos conocimiento y experiencia. Por ejemplo, los estudiantes de lengua extranjera pueden tener tareas orales o de búsqueda de vocabulario y aspectos culturales, mientras que los estudiantes latinos pueden tener tareas que requieran un mayor trabajo sobre aspectos textuales con la lengua escrita. Proyectos de equipo de investigación, de trabajo con la comunidad o creativos son ejemplos de este tipo de actividades.

En resumen, nuestro objetivo principal en las clases mixtas es convertir el salón en un espacio colaborativo, enriquecedor y creativo, donde se use la lengua oral y escrita para generar una dinámica de construcción del conocimiento a través de múltiples vías y donde todos los estudiantes puedan involucrarse y participar. Se espera que como profesores facilitemos diálogos respetuosos entre ambos grupos de estudiantes que generen empatía, comprensión y conciencia crítica. La meta es nutrir a todos los estudiantes de manera integral (Kalantzis, *et al.*, 2016; Martínez 2016).

4.1.4. Los objetivos generales para las clases de EpL

Centrándonos ahora en las clases EpL, recordemos que el objetivo central de estos cursos es el cambio de localización y posicionamiento de las y los jóvenes latinos con respecto a su (trans) lengua y a sí mismos como usuarios del español. Para poder lograrlo, se ha propuesto que las clases de español integren objetivos no solo lingüísticos sino también académicos, motivacionales y culturales (Carreira, 2009).

Los objetivos lingüísticos incluyen: expandir los recursos del español; dar acceso a las variedades de prestigio y usos cultos; comprender la relación entre la translengua y el español; familiarizarse con los recursos de la lengua escrita para usarlos en un amplio rango de géneros textuales, con propósitos específicos, incluyendo los académicos. Los objetivos académicos tienen que ver con fortalecer y expandir las habilidades y conocimientos académicos, desde las humanidades hasta las ciencias (Carreira 2007). Por último, los objetivos de motivación y actitud social refieren a poder: identificar y reflexionar críticamente sobre los mensajes negativos que se han internalizado sobre el español y la translengua; posibilitar lo que el académico puertorriqueño Juan Flores (2000) llamó "ethos alternativo" –un conjunto de valores y prácticas culturales creados por y para los jóvenes– más allá del monoculturalismo y el monolingüismo que les permita integrar las diferentes facetas de su identidad multilingüe y multicultural.

Cumplir con este abanico de objetivos en un solo curso parece una tarea imposible. Sin embargo, una perspectiva sociolingüística y crítica como la que he presentado en los capítulos anteriores, una disposición hacia el crecimiento de los y las alumnas, junto con un rango amplio de materiales y estrategias didácticas facilitarán una dinámica que lleve a cubrir muchos de los objetivos presentados.

4.1.5. La instrucción diferenciada

Ante el amplio rango de diferencias individuales que se encuentran en las clases mixtas y en los hablantes latinos, y dada la amplia gama de objetivos a cubrir, Potowski y Carreira (2004) han propuesto la incorporación del modelo de "instrucción diferenciada" (Tomlinson y McTighe, 2006) en las clases EpL. El principio básico es la flexibilidad en el diseño curricular, las actividades y la evaluación. Es importante aclarar que la instrucción diferenciada no es sinónimo de instrucción individualizada donde el profesor tuviera que diseñar un currículum para cada estudiante. Se trata de encontrar temas de interés y hacer una variedad de actividades donde todos los estudiantes puedan reflejar sus propias fortalezas, perspectivas y voces. Por ejemplo, si estamos enseñando cómo escribir una carta formal, el estudiante elegirá a quién escribirla y no decidiremos por ellos el destinatario. Otro ejemplo con escritura académica sería dar a los jóvenes la posibilidad de escoger el tema que más les apasione, investigar y escribir sobre ello. La instrucción diferenciada, si se siguen lineamientos comunes y expectativas claras, permite incluir la diversidad con la que cada estudiante puede contribuir a la experiencia de aprendizaje grupal.

Como punto de partida para integrar la diferenciación en nuestras clases, se puede pedir a las estudiantes que, previo al curso o durante el primer día, llenen un cuestionario donde respondan preguntas sobre su herencia cultural, sus intereses y motivaciones para tomar la clase. También se puede iniciar el curso con una discusión de grupo alrededor de estas mismas preguntas. En mi experiencia, estos cuestionarios y discusiones iniciales arrojan información muy valiosa para el maestro sobre una serie de aspectos tales como las comunidades de origen, fortalezas, necesidades e intereses de los estudiantes, así como las ideologías de la lengua que han internalizado. Esta información nos puede servir para darnos cuenta de las áreas en nuestro temario que quizá necesiten algunos ajustes. Por ejemplo, al conocer las comunidades de procedencia de los estudiantes, el maestro puede evaluar si su programa ya las incluye o si debe incorporar algún tipo de material (un texto, poema, canción, arte) para darle representatividad a todas ellas. Las respuestas también servirán para comprobar si los temas lingüísticos que ha incluido se alinean con los intereses, expectativas y necesidades de los estudiantes. Desde luego, si estos llenan el cuestionario por escrito, la maestra podrá familiarizarse con las destrezas en lengua escrita del grupo, e identificar las fortalezas y las necesidades con las que habrá que trabajar en clase.

4.2. El contenido: la elección de temas significativos e interdisciplinarios

Es bien sabido que la selección de temas significativos es central para las clases de lengua. Dados los objetivos académicos de las clases EpL, estas también se benefician de tratar dichos temas desde una perspectiva interdisciplinaria que incluya a las humanidades y estudios sociales a través de textos que trabajen con la literatura, la antropología, la historia, la etnografía, y los estudios de frontera y de género. En las siguientes páginas presento algunas ideas sobre temas que, en mi experiencia, son de interés para los jóvenes y que generan importantes discusiones.

La autobiografía

Ya que mucho del interés de los jóvenes latinos por tomar clases de español está relacionado con su identidad, un currículum estructurado desde la autobiografía (Lionnet, 1989) es sumamente productivo y enriquecedor para nuestras clases. No olvidemos que la forma de hablar de los jóvenes refleja en buena medida su historia de vida (Blommaert y Rampton, 2011). Incluir temas como la identidad individual y colectiva tiene los siguientes beneficios: a) se propicia la expresión de la pluralidad de voces de los jóvenes; b) se recuperan y valorizan las historias y experiencias de los estudiantes así como las de sus respectivas comunidades; c) se facilita la reapropiación del pasado para entender el presente y proyectar al futuro (Lionnet, 1989); d) en clases mixtas se abre un espacio para reconocer las posiciones de privilegio de unos estudiantes y de lucha de otros. En Estados Unidos, diversos autores de la comunidad "latinx" han escrito sus autobiografías donde exploran temas centrales para las comunidades latinas: historias familiares de migración, la relación con el español y el inglés, la otredad y la identidad bicultural, el conflicto con la cultura dominante entre la integración y la diferenciación (i.e. las obras de Sandra Cisneros, Esmeralda Santiago, Julia Álvarez, Tato Laviera por solo mencionar a unos pocos). Estas obras (completas o tomando capítulos o viñetas) pueden servir como puntos de partida y modelos para explorar aquello que une a las distintas comunidades de origen latino y aquello que las diferencia.

La ecología lingüística

El profesor también puede explorar la historia de la "ecología" (circunstancias familiares, socioculturales y políticas) dentro de la cual los estudiantes aprendieron el español y el inglés (u otras lenguas). Se pueden explorar las dinámicas que favorecieron o interrumpieron este proceso. Por ejemplo, ¿sus padres mantuvieron su propia lengua en casa, o decidieron hablarle al estudiante solo en inglés para evitar discriminación o confusión académica? ¿Cuánta continuidad lingüística y cultural tuvo el estudiante entre su casa y la escuela cuando era niño? ¿Sus profesores valoraron y apoyaron el mantenimiento de la lengua y cultura familiares? ¿Cuánto conflicto emocional experimentó el estudiante al enfrentar los diferentes valores culturales de su hogar y su escuela? ¿La adquisición del inglés y pérdida del español afectaron las relaciones con sus padres? ¿Mantiene aún lazos con su familia en el país de origen? ¿Qué dice esta de su dominio del español? ¿Lo valora o lo discrimina por "translenguar"? ¿Los identifican aún como del país de origen o ya como extranjeros? Al compartir sus respuestas, los estudiantes irán tomando conciencia de que su repertorio lingüístico no solo es el resultado de su esfuerzo individual, sino de una colectividad que lo enriqueció o lo limitó. Las circunstancias e interacciones diversas han forjado un camino diferente para cada uno de ellos y para la formación de su sentido de identidad etnolingüística.

Es justamente en estas discusiones donde los profesores tenemos la oportunidad de iniciar un proceso de cambio en la perspectiva y el posicionamiento que el estudiante tenga de su propia historia, lengua e identidad. Por ejemplo, si un joven comparte que está tomando el curso porque su familia de origen lo critica y le dice que "habla mal" el español y que en su país de origen lo consideran "extranjero", el profesor puede incorporar saberes desde la sociolingüística que validen la translengua del estudiante y recuerden las dimensiones históricas, geográficas y sociales del español, el efecto de la migración y lo inevitable del cambio lingüístico, aún en los países hispanohablantes. De esta manera, la nueva narrativa facilita que el estudiante: a) tome conciencia de las circunstancias que lo han llevado a tener el repertorio lingüístico que tiene y por qué es diferente al de su familia; b) identifique las ideologías que subyacen a los mensajes negativos que ha internalizado y c) cambie la perspectiva de déficit sobre su forma de hablar a una que le muestra que, de hecho, es multicompetente. Una vez que el estudiante tiene esta nueva interpretación sobre su forma de hablar, cambia su sentido de identidad como hispanohablante, se reducen su ansiedad e inseguridad y aumentan su curiosidad y motivación por aprender nuevos recursos lingüísticos en español.

Las tradiciones culturales

Desde luego, las tradiciones culturales son un tema de gran interés e importancia para los jóvenes latinos y también para los no-latinos, que están interesados en la cultura y pueden aportar información importante sobre las propias: ¿cuáles son las tradiciones en sus familias? De estas, ¿cuáles han viajado desde sus países de origen y se han implementado en el país de residencia? ¿Cómo se han transformado? ¿Qué costumbres quisieran mantener en el futuro y por qué? ¿Cómo se usa el español dentro de estas tradiciones? Dentro de este tema, las y los estudiantes suelen describir y recontar historias familiares y el significado que estas tienen para ellos. Cuando hablan de sus tradiciones se genera un sentido de comunidad que une al grupo: toman conciencia, por un lado, de las similitudes de algunas celebraciones y, por otro, de las particularidades que toman las tradiciones cuando se celebran en los distintos países de origen y de sus transformaciones en el país de residencia.

Los cambios generacionales

Uno de los puntos importantes que suele salir a la luz durante las conversaciones sobre la familia y las tradiciones son las diferencias generacionales que se dan entre padres/madres, abuelos e hijos dentro del contexto de la migración. A estas hay que agregar la exposición que tienen las y los jóvenes a los valores de la nueva cultura que, en general, no son compartidos por las generaciones anteriores. Uno de los temas más relacionados con cambios generacionales son precisamente las actitudes hacia el español y el contacto con la lengua dominante y la translengua. Otros refieren a las relaciones amorosas, la discriminación y el prejuicio social; los valores morales y culturales, la identidad de género, la salud, el uso de las tecnologías, el futuro profesional, el medio ambiente, entre otros. Hablar de diferencias generacionales permite que los jóvenes relacionen e integren temas de tradición con temas de innovación: ¿qué valores han mantenido? ¿Cuáles han tenido que cambiar en su proceso de crecimiento o adaptación a la nueva cultura? ¿Cómo los han beneficiado estos cambios? ¿En qué áreas han innovado más por ser jóvenes multilingües y multiculurales?

Las comunidades y culturas latinas de cara a la globalización

Otros temas de interés para la juventud latina tienen que ver con el lugar de sus comunidades y culturas en el mundo globalizado. Algunos temas que pueden propiciar reflexiones interesantes son, por ejemplo: el lugar del español como lengua internacional y el valor identitario o mercantil que se le da en diferentes comunidades y grupos; los derechos –humanos, laborales y lingüísticos– de los migrantes en los mercados y sociedades globalizadas y las tradiciones culinarias en las comunidades hispanas alrededor del mundo. Se puede hablar, por ejemplo, del valor cultural y sagrado del maíz o del chocolate y de su transformación en la industria alimenticia actual y en la era de los transgénicos. Todos estos temas permiten conversar sobre procesos históricos de colonización y globalización, y puede generar discusiones importantes sobre cómo estos aún se manifiestan hoy día en aspectos de la vida cotidiana y cultural de las comunidades latinas y en su relación con otros países.

Más allá del aula: La comunidad local y sus recursos

Los temas de globalización y cómo estos han afectado a las comunidades latinas se pueden explorar en las comunidades locales donde viven los estudiantes a través de proyectos de investigación o trabajo voluntario. La investigación ha comprobado (Carreira y Kagan, 2011) que la interacción de los jóvenes hispanohablantes con otros miembros de su comunidad tiene los siguientes beneficios: a) valida las variedades de la lengua que aprendieron en casa y se fortalece el sentido de pertenencia e identidad etnolingüística; b) expande su conocimiento y horizontes lingüísticos, sociales y culturales; c) desarrolla la conciencia crítica y el sentido de compromiso cívico con otros miembros de su comunidad de habla. Para que este componente comunitario sea realmente efectivo y significativo es imperativo que el currículum esté alineado con los temas que los jóvenes van a encontrar en la comunidad. De esta manera, ambos componentes –contenido en el aula e interacción con la comunidad– se complementan el uno con el otro. El trabajo voluntario puede realizarse en organizaciones no gubernamentales que sirvan a la comunidad latina, consulados del país de origen, programas bilingües o extraescolares (en español); programas en hospitales que necesiten servicios de traducción; oficinas que provean servicios legales a inmigrantes latinos y centros culturales. Al compartir un código lingüístico (i.e. usos populares) y cultural con la comunidad, la juventud latina puede conectar con mayor calidad humana con sus miembros desfavorecidos. En clase, el profesor debe brindar oportunidades para que los estudiantes hablen de estas experiencias y las integren con el material que se estudie en el aula. También se pueden generar discusiones sobre la conexión entre la experiencia con la comunidad y los intereses y futuro profesional de los jóvenes (ver Parra, 2013b para un modelo de estos cursos).

Integrar a la comunidad como espacio de reflexión también permite el análisis del paisaje lingüístico: ¿cómo se usa el español oral y escrito en la comunidad? ¿Dónde y cómo? ¿Quién se beneficia de la presencia del español escrito en los espacios públicos? ¿Cuáles son las consecuencias de su ausencia?

Nuestro trabajo fuera del aula también puede incluir museos, salas de arte, bibliotecas, entre otros espacios. En mi experiencia, tanto los estudiantes latinos como de lengua extranjera se animan e interesan al saber que usarán el español en contextos más allá del aula, a la vez que se acercan a una experiencia cultural significativa (para ver ejemplos de actividades para clase de lengua en el museo, ver Parra y Di Fabio, 2016).

4.3. MATERIALES MULTIMODALES Y LITERACIDAD MÚLTIPLE

4.3.1. Materiales multimodales

Los temas mencionados en el apartado anterior tienen una relación directa con las características, problemáticas e identidad colectiva de las comunidades hispanohablantes dentro de las cuales crecen los estudiantes. Para poder acercarnos a la complejidad y riqueza de estas realidades y las representaciones de las múltiples facetas del "imaginario latino" (Flores, 2000) alrededor del mundo es necesario recurrir a diferentes fuentes de información y tipos de "textos": escritos, visuales, auditivos, entre otros.

En este sentido, el marco de la Literacidad múltiple (LM) (Kalantzis *et al.*, 2016) tiene un gran valor para las clases EpL. La LM propone una definición amplia de "texto", no solo como un material de lengua escrita sino como todo aquel material "multimodal" que crea significados sociales y culturales. Esta definición incluye entonces el trabajo con la lengua escrita en sus múltiples géneros, y con otras modalidades como el cine, la música, las artes visuales y representaciones pictóricas o el teatro, entre otros. La LM también enfatiza la importancia de trabajar desde diferentes modelos culturales, no solo los de las sociedades occidentales, lo cual incluye a comunidades originarias de las Américas y valora y reconoce como parte fundamental de nuestras sociedades la diversidad lingüística. Así, el marco de la LM tiene los siguientes beneficios para las clases EpL:

a. Permite incorporar las variedades dialectales y de registros populares de la lengua que habla la juventud latina.
b. Promueve la reflexión crítica sobre el papel de la lengua escrita en nuestras sociedades frente a otros tipos de textos no escritos.
c. Posibilita que los jóvenes tengan modelos para reformular sus propias experiencias translingüísticas y transculturales en proyectos tanto escritos –ya sea académicos o de creación (ensayos, cuento y poesía)–, como en forma de composiciones musicales, performance o representaciones visuales.
d. Fomenta una nueva forma de pedagogía en el aula donde cada texto provee un modelo y la oportunidad de generar procesos de pensamiento complejo que describiré a continuación.

4.3.2. Literacidad múltiple y el pensamiento crítico

Para los proponentes de la LM, un ambiente educativo no solo debe generar aprendizajes sobre la(s) lengua(s) y la alfabetización en la lengua escrita y otros tipos de textos, sino que debe usar cada oportunidad para propiciar procesos de pensamiento complejos. Cope y Kalantzis (2015) llaman a estos procesos "movimientos epistémicos" (del inglés *epistemic moves, ibid.*, 80). Estos se refieren a todo aquello que el estudiante "*hace* para conocer" (*ibid.*, 6. El énfasis es mío) y son ocho: a) experimentar lo conocido; b) experimentar lo nuevo; c) conceptualizar a partir de nueva terminología; d) conceptualizar a partir de nuevas teorías; e) analizar funcionalmente; f) analizar críticamente; g) aplicar apropiadamente; y h) aplicar creativamente.

De todos estos movimientos epistémicos, la reflexión crítica también ha sido reconocida como fundamental en el campo del EpL: el profesor debe fomentar reflexiones que cuestionen el significado representacional, social, estructural, intertextual e ideológico de los textos con los que se trabaje en clase: ¿cómo se representan los latinos en este texto? ¿Qué ideología está detrás de estas representaciones? ¿Cómo se relaciona este texto con otros, con la opinión pública o con las identidades de los miembros de la comunidad? Desde la pedagogía EpL, autores como Leeman y Serafini (2016) y Martínez (2005) proponen que la reflexión crítica debe iluminar las relaciones de poder y prestigio que se dan entre las distintas variedades lingüística de las comunidades latinas. A partir de estas reflexiones, las estudiantes pueden elegir, desde su propio sentido de agencia, los recursos lingüísticos ya sea para seguir las normas de lo apropiado, para transgredirlas o para generar nuevas formas creativas de comunicación en el contexto en el que se encuentren.

Para lograr este tipo de reflexión vale la pena mencionar el marco de la pedagogía crítica de Paulo Freire (2005) que es de gran relevancia para nuestras clases (Parra 2016b). En su trabajo con adultos no alfabetizados, Freire propuso como fin último del proceso educativo, el desarrollo de lo que llamó "Concientização", o toma de conciencia. Esta conciencia radica, principalmente, en identificar el papel del "otro" y el propio en dinámicas de poder que limitan y marginan tanto a la persona en cuestión (en este caso el alumno) como a su comunidad. Es esta mirada crítica del otro y de uno mismo, lo que, según Freire, permite encontrar nuevas formas de entender la realidad y cambiarla a partir de nuevas formas de participación cívica. Para Freire, el punto de partida del proceso hacia la concientización es el diálogo, ejercicio de reflexión donde se trata de entender el punto de vista de los otros. Para que esto sea posible en el aula EpL, el profesor debe volverse facilitador de un diálogo que dé espacio a la diversidad de historias de los estudiantes y que, a la vez, promueva una reflexión sobre las circunstancias, actores y acciones propias que han formado sus experiencias hasta el día de hoy. Los temas sugeridos anteriormente para discutir en nuestras clases son, sin duda, una puerta de entrada a este tipo de ejercicio.

4.4. Recursos lingüísticos orales y escritos para participar, actuar y crear

¿Cómo trabajar los aspectos lingüísticos –orales y escritos– en el aula EpL? La investigación en el campo EpL y los marcos teóricos más contemporáneos presentados en los capítulos anteriores han enfatizado la importancia de trabajar la lengua no como compendio de reglas gramaticales, sino como un conjunto de recursos para crear significados funcionales para contextos determinados (Halliday y Matthiessen, 2014). Pensemos que la expresión de los movimientos epistémicos mencionados en el apartado anterior se da, en gran medida, en el lenguaje, y se puede apreciar en diferentes posibilidades discursivas: describir, narrar, analizar, comentar, debatir, exponer, argumentar, presentar, preguntar, cuestionar, interpretar. Así, un marco funcional se considera el más efectivo para trabajar con el alumnado latino (Colombi, 2015). También tiene la ventaja de que es compatible con otros marcos globales que enfatizan el desarrollo de las habilidades comunicativas y discursivas como el acercamiento por competencias, por tareas o para fines específicos. Un marco funcional requiere que el profesor haga las siguientes consideraciones generales sobre el trabajo con la lengua:

1) Conceptualizar las modalidades oral y escrita como distintas pero que forman un continuum: se pueden encontrar tanto textos orales con características de la lengua escrita (por ejemplo, discursos académicos), como textos escritos con la espontaneidad de la lengua oral, como cartas a familiares o amigos y la ahora llamada "lengua tecleada" propia de los chats y mensajes en línea o de texto. Los usuarios de cualquier lengua aprovechamos todas las posibilidades dentro de este continuo en nuestra vida cotidiana y profesional.

2) Considerar la diversidad de géneros textuales que podemos encontrar en nuestra comunidad y sociedad y que es importante incluir en clase, además de los textos meramente académicos: diarios, cuentos, leyendas, reseñas, poesía, canciones, composiciones temáticas, ensayos de opinión, ensayos expositivos y argumentativos; presentaciones orales (sobre temas culturales, académicos o sobre el trabajo en la comunidad), debates, discursos de aceptación, obras de teatro.

3) Abrir espacios para la creatividad: en mi experiencia, las oportunidades de expresión creativa –oral y escrita– son ejercicios maravillosos que facilitan la integración de las diversas experiencias de vida y de frontera lingüística y cultural que han vivido los jóvenes latinos. El análisis –tanto del contenido como de los elementos lingüísticos y discursivos– de modelos textuales de frontera (Martínez 2005), como la poesía bilingüe, puede dar lugar a innovaciones sorprendentes por parte de los estudiantes. Es en los ejercicios creativos donde la juventud hispanohablante puede expresar mejor y más libremente su propia voz y usar todos aquellos recursos lingüísticos y culturales que ya conocen en combinación con

aquellos que han aprendido en clase. Además, cuando dichos ejercicios se comparten con el grupo, generan un sentido de comunidad importante entre los estudiantes. Ejemplos de proyectos artísticos individuales o colectivos son la creación de objetos, collage, pintura, cerámica, fotografía, poemas en español o bilingües; proyectos audiovisuales y multimedia; canciones colectivas. Este trabajo creativo se puede acompañar de presentaciones orales y de ensayos escritos donde el estudiante describa el proceso de creación y el significado de su proyecto en el marco de lo que aprendió en clase sobre los distintos temas tratados, sobre la lengua o sobre sí mismo (para ejemplos de incorporación de arte en las clases EpL ver Parra 2013 y Parra *et al.*, 2018).

4) Reformular las nociones de lo "correcto" y lo "incorrecto". En general, los profesores de español estamos entrenados para señalarle a los estudiantes lo "correcto", "incorrecto" o "apropiado" o "inapropiado" del uso de una palabra dentro de un contexto determinado. Sin embargo, algunos autores han señalado que, como mencioné en el Capítulo 2, ambos criterios responden a ideologías de la lengua que terminan por marginar una gama de posibilidades comunicativas, principalmente las que refieren a usos populares o de translengua que manejan las y los estudiantes latinos (Flores y Rosa 2015; Leeman 2018). Un marco funcional permite plantear el uso de una palabra en términos de su funcionalidad desde la perspectiva de la intención y el significado que busca transmitir el hablante, y no desde la corrección o lo apropiado.

4.4.1. Estrategias para el trabajo con la lengua escrita

Para muchos docentes, el trabajo con la lengua escrita es el mayor reto en el aula EpL. Las siguientes estrategias pueden facilitar el trabajo desde un marco funcional:

a. Proporcionar modelos. Debemos tener presente que la elaboración de cualquier texto es un proceso. Nadie escribe un producto final en el primer intento. Por esta razón, debemos proveer los modelos adecuados para que el estudiante: a) se familiarice con las características de ese tipo de texto/

género en particular; b) tenga los recursos y el andamiaje necesarios para la elaboración de su proyecto escrito y c) pueda reproducirlo siguiendo sus propios intereses y motivaciones.

b. Situar el texto. El trabajo de comprensión y producción textual empieza por identificar las características del género con el que se está trabajando (ver el modelo PACE en el siguiente punto). Estas tienen que ver con estructuras lingüísticas particulares, así como con características dadas por la época y el lugar en los que se produce el texto y, asimismo, la identificación del lugar desde donde habla el escritor y la audiencia a la que va dirigido el texto.

c. Proveer el andamiaje y los recursos lingüísticos necesarios. El andamiaje y los recursos que tengamos que dar a los estudiantes para la elaboración de un texto depende de aquello que ya conozcan y de aquello que necesiten para lograr el nuevo objetivo. La investigación ha propuesto que los estudiantes latinos con pocos recursos lingüísticos se benefician de la metodología de español como lengua extranjera e instrucción explícita de formas, principalmente, verbales y componentes sintácticos (por ejemplo, uso de pronombres, preposiciones, etc.) (Beaudrie, 2009). Estas experiencias a nivel "micro" buscan darle al estudiante el conocimiento de recursos elementales para que pueda comunicarse –en lo oral o en lo escrito– en contextos básicos. El modelo PACE (Presentation, Attention, Co-construction, Extension) (Donato y Adair-Hauck, 2016) se ha desarrollado como alternativa a las clases tradicionales basadas en la enseñanza del "punto gramatical del día" (207). En este modelo, se elige un texto donde se encuentren, en contexto, los recursos a los que se busca dar acceso. Maestro y estudiantes se unen en un ejercicio para identificar estos recursos y sus diferentes funciones dentro del texto para después transferirlos a la propia producción. Desde luego, este tipo de trabajo conjunto también funciona con estudiantes con un mayor número de recursos. Quizá la identificación no refiere ya a formas verbales básicas sino a aquellos recursos que son necesarios para darle cohesión y coherencia (Halliday y Hasan, 1976) al texto. Nos referimos a elementos como los conectores discursivos y preposiciones y a estrategias como la subordinación y las metáforas gramaticales propias de la lengua escrita, que buscan evitar las redundancias y repeticiones que caracterizan a la lengua oral (Chafe, 1984).

d. Dar acompañamiento y retroalimentación. A lo largo del proceso de elaboración de las distintas etapas y versiones de un texto, debemos dar un acompañamiento continuo a los estudiantes. Esto implica estar a disposición para responder dudas y dar retroalimentación a nivel de contenido y estructura textual. Además, se sugiere dar espacios para revisión de escritos entre pares. Con esto, se abren nuevas posibilidades de interacción y aprendizaje entre los estudiantes. Esto se facilita si hay rúbricas claras para que conozcan las expectativas de lo que deben producir y que sirvan de guía para la retroalimentación entre compañeros. ¡No olvidemos que la retroalimentación debe incluir comentarios positivos!

Como mencioné en el Capítulo 3, la decisión de qué tipos de géneros y textos incluir en nuestras clases tendrá que ver con los intereses y las necesidades funcionales de los estudiantes (Moreno Fernández, 2007; Carreira 2007).

4.5. LA EVALUACIÓN

Como punto final de esta sección sobre prácticas pedagógicas, es esencial reflexionar sobre la forma de evaluación en nuestros cursos. Dadas las características lingüísticas, culturales y socio afectivas de los y las estudiantes presentadas en los capítulos anteriores, la investigación ha enfatizado la importancia de diseñar tipos de evaluación que sean inclusivos, multifacéticos y que midan las diferentes habilidades del estudiantado a través de métodos variados (Fairclough, 2012). Por esta razón, se propone que el profesor incluya una combinación de evaluaciones sumativas y formativas.

El rango de posibilidades de este tipo de evaluaciones es amplísimo y puede incluir: ejercicios sobre el uso de algún tipo de recurso lingüístico en particular visto en clase; breves ensayos escritos; la reelaboración creativa y versión personal de cualquier género visto en clase; proyectos en equipo sobre algún tema cultural o social; portafolios; presentaciones orales sobre temas culturales o académicos; proyectos de arte como los ya mencionados anteriormente.

Las actividades a evaluar deben incluir usos auténticos de la lengua donde los jóvenes puedan demostrar tanto lo que ya podían hacer con sus recursos antes de tomar la clase como aquello que han aprendido en el curso (Beaudrie, 2012).

La combinación de evaluación sumativa y formativa es valiosa en tanto que también sirve como punto de referencia para reflexionar sobre la eficacia de las prácticas pedagógicas usadas para ese grupo particular. A través de los indicadores que den los jóvenes a lo largo del curso, el profesor puede evaluar si los objetivos que se plantearon como columna vertebral del curso se están cumpliendo, si los contenidos son informativos y significativos y si las prácticas pedagógicas y metodología son las más útiles. Esta información puede usarse para hacer las modificaciones necesarias en cualquier momento del semestre y/o para futuras versiones de nuestro curso. En otras palabras, la evaluación debe verse como un proceso de aprendizaje de dos vías, de los estudiantes y del profesor. La experiencia será enriquecedora y transformativa para todos.

CONSIDERACIONES FINALES

A lo largo de estas páginas he presentado, de manera general, los marcos teóricos y pedagógicos que buscan abrir nuevas posibilidades de trabajo con la juventud latina de hoy. Estas implican un cambio importante en la forma de conceptualizar nuestro quehacer docente para poder relacionarnos de manera integral y ética con estos jóvenes. El mayor reto para nosotros docentes es hacer conscientes los obstáculos epistemológicos propios de las ideologías dentro de las que nos hemos formado y que ya no responden a las realidades sociales, lingüísticas, culturales y política de nuestros tiempos. Dejarlos atrás nos dará nuevas posibilidades para diseñar ambientes educativos inclusivos e innovadores que provean oportunidades y acceso a recursos en español. Esto a su vez llevará a los estudiantes a cambiar su localización y posicionamiento con respecto a su identidad como usuarios de la lengua: de "deficientes" a multicompetentes (Cook, 1992).

Esta meta encuentra eco en el Objetivo 4 de la Agenda 2030 de las Naciones Unidas para el Desarrollo Sostenible (ONU 2015) que busca "Garantizar una educación inclusiva y equitativa de calidad y promover oportunidades de aprendizaje permanente para todos" (p. 16). Desde nuestras aulas de español, podemos contribuir a este objetivo. Queremos que la juventud latina participe plenamente en lo social y lo cultural en las comunidades a las que pertenezca y decida pertenecer en el futuro. Como sugerí a lo largo de estas páginas, el tema de la enseñanza del español a latinos y latinas no es un tema solo lingüístico, sino uno de equidad, justicia social e identidad. Como propone Martínez (2016), el multilingüismo de estos jóvenes alude no solo a lo que hacen sino a lo que *son:* gracias a su bilingüismo y multiculturalismo tienen la flexibilidad cognitiva, lingüística, cultural y social para hacer y *ser* en español y en la (trans)lengua que usen. Más que nunca, necesitamos generar espacios colaborativos e interdisciplinarios donde docentes e investigadores podamos entablar diálogos productivos para apoyar nuestro trabajo, cada vez más complejo pero cada vez más enriquecedor y humano. Espero que este libro contribuya, como antesala, a la realización de nuevas posibilidades de pensar y actuar nuestro quehacer y nuestra identidad como docentes de español del siglo XXI.

EJERCICIOS DE REFLEXIÓN

1. ¿Por qué es importante tener una perspectiva ecológica para nuestro trabajo con jóvenes latinos?

   Una perspectiva ecológica permite considerar de manera integral las circunstancias migratorias, familiares, escolares y sociopolíticas en el desarrollo de los repertorios multilingües de la juventud latina, de sus actitudes afectivas hacia la lengua y de sus identidades multiculturales. Nos permite entender y valorar el trabajo de constante negociación que los jóvenes tienen que hacer en el proceso de adaptación a la cultura dominante, casi siempre en detrimento de la lengua y cultura de casa.

2. ¿Qué son los "obstáculos epistemológicos" según Bachelard? ¿Por qué es importante tomar consciencia de ellos en el aula EpL?

   Los obstáculos epistemológicos son creencias, preconcepciones y sentires no examinados que impiden el acceso a nuevas formas de comprensión de la realidad. Es central que tomemos conciencia de nuestras creencias, preconcepciones, sentires y prejuicios sobre los orígenes, las experiencias de vida y formas de hablar de las y los jóvenes latinos porque no hacerlo puede impedirnos ver sus realidades y limitarnos en el diseño de ambientes pedagógicos que generen experiencias transformativas y enriquecedoras.

3. ¿Qué es la translengua y cómo debemos trabajar con ella en el aula?

   El término "translengua" (García y Wei, 2014) se ha propuesto para describir prácticas discursivas que despliegan todo el repertorio lingüístico de un hablante (incluyendo lo que desde un punto de vista externo al hablante se percibe como dos o más lenguas). García y Otheguy (2019: 11) proponen que nuestro quehacer es visibilizar y validar el uso de esta translengua, *al tiempo* que propiciamos reflexiones críticas que identifiquen la "co-presencia" de esta con instancias donde se usan las lenguas dominantes como el español. El trabajo no es erradicar sino dar a los jóvenes acceso a la forma en que ciertos grupos de la sociedad y sistemas escolares usan los recursos de la lengua dominante.

4. ¿Cuáles son los objetivos de las clases de EpL?
El cambio de localización y posicionamiento del estudiantado latino con respecto a sus capacidades multilingües y multiculturales. Se busca el empoderamiento de su identidad etnolingüística y fortalecer sus posibilidades de participación social en las comunidades a las que pertenezcan. Las clases EpL incluyen objetivos lingüísticos (expandir los recursos orales y escritos en español, incluyendo las variedades de prestigio y usos cultos) y académicos (fortalecer y expandir las habilidades y conocimientos académicos, desde las humanidades hasta las ciencias).

5. ¿Cuáles son las cinco directrices para la dinámica del aula EpL?
a) Tener una disposición distintiva y ética hacia el trabajo con estudiantes latinos; b) establecer un ambiente seguro; c) incorporar los intereses y las motivaciones de los jóvenes; d) asumir la construcción del conocimiento por dos vías; e) enseñar para transformar.

6. ¿Qué español debemos incluir en nuestras aulas? ¿Cuál es el marco más eficiente para expandir el repertorio lingüístico de los estudiantes latinos?
En nuestras clases debemos incorporar el español de las comunidades representadas en el aula, incluyendo la del profesor. El marco más eficiente es aquel que responde a los intereses y las necesidades funcionales de los estudiantes (Moreno Fernández, 2007; Carreira 2007). Pensemos en qué recursos lingüísticos y herramientas comunicativas necesitan para cumplir sus metas con propósitos específicos.

7. ¿Qué ventajas tiene para nuestro trabajo el uso del marco de la literacidad múltiple (LM)?
La literacidad múltiple (LM) propone una definición amplia de "texto" que incluye textos escritos, visuales y auditivos. La

LM abre la posibilidad de trabajar con distintos registros de la lengua y variedades dialectales, incluyendo las variedades de frontera. También enfatiza la importancia de promover procesos complejos de pensamiento que se manifiesten en el uso de lenguaje y habilidades discursivas sofisticadas como explicar y argumentar, y da espacio para la creatividad.

8. ¿Cuál es la relación de nuestro trabajo con el objetivo 4 de la agenda 2030 de las Naciones Unidas?
   Desde nuestras aulas de español, podemos contribuir al objetivo de equidad e inclusión al trabajar con las variedades del español de las y los estudiantes dándoles acceso a los recursos lingüísticos, culturales y de pensamiento crítico necesarios para facilitar su participación social en las comunidades a las que pertenecen y desean pertenecer en el futuro.

BIBLIOGRAFÍA

ANZALDÚA, G., (1999): *Borderlands, La Frontera.* Second edition. San Francisco, Aunt Lute Books.

BACHELARD, G., (1987): *La formación del espíritu científico,* México; Editorial Siglo XXI.

BEAUDRIE, S.M., (2009): "Receptive bilinguals' language development in the classroom: The differential effects of heritage versus foreign language curriculum." En M. Lacorte & J. Leeman (Eds), *Español en Estados Unidos y otros contextos de contacto: Sociolingüística, ideología y pedagogía,* pp. 325-345, Madrid, Iberoamericana/ Vervuert Verlag.

BEAUDRIE, S. M., (2012): Introduction: Development in Spanish heritage language placement. *Heritage Language Journal. Special Issue on Spanish Assessment, 9*(1), i-xi.

BLOMMAERT, J., & RAMPTON, B., (2011): Language and superdiversity. *Language and Superdiversity, 13*(22), 1–21.

BORDIEU, P., (2001): ¿Qué significa hablar? 3ª. edición. Madrid, Ediciones Akal.

BRONFENBRENNER, U., (1979): *The ecology of human development.* Cambridge MA, Harvard University Press.

CANAGARAJAH, S., (2007): Lingua Franca English, Multilingual Communities, and Language Acquisition. *Modern Language Journal, 91* (1), 923-939 <https://doi.org/10.1111/j.1540 -4781.2007.00678.x>

CARREIRA, M., (2004): Seeking explanatory adequacy: A dual approach to understanding the term "heritage language learner", *Heritage Language Journal, 2*(1), 1–25.

CARREIRA, M., (2007): Spanish-for-native-speaker Matters: Narrowing the Latino Achievement Gap through Spanish Language Instruction, *Heritage Language Journal 5* (1): 147-171.

CARREIRA, M., (2016a): A general framework and supporting strategies for teaching mixed classes. En D. Pascual (Ed.), *Advances in Spanish as a heritage language,* Amsterdam, John Benjamins, pp. 159–176.

CARREIRA, M., y KAGAN, O., (2011): The results of the National Heritage Language Survey: Implications for teaching, curriculum design, and professional development. *Foreign Language Annals, 43* (3), 40-64.

CHAFE, W. L., (1984): Integration and involvement in speaking, writing and oral literature. En D. Tannen (Ed.), *Spoken and written language: Exploring orality and literacy,* Norwood, NJ, Ablex, pp. 35-53.

COLOMBI, M. C., (2015): Academic and cultural literacy for heritage speakers of Spanish: A case study of Latin@ students in California. *Linguistics and Education, 32*(A). 5–15.

COOK, V., (1992): Evidence for multi-competence. *Language Learning, 42,* 557–91.

COPE, B. y M. KALANTZIS, (2015): "The Things You Do to Know: An Introduction to the Pedagogy of Multiliteracies." En B. Cope y M. Kalantzis (Ed.), *A Pedagogy of Multiliteracies: Learning by Design,* London, Palgrave Macmillan, pp. 1-36.

COUNCIL OF EUROPE, (2003): Guide for the Development of Language Education Policies in Europe. From Linguistic Diversity to Plurilingual Education. Main Version Draft. Strasbourg: Council of Europe. Language Policy Division. http://www.coe.int/t/dg4/linguistic/Source/FullGuide_EN.pdf.

DE GENOVA, N. y RAMOS-ZAYAS, Y., (2003): *Latino Crossings: Mexicans, Puerto Ricans, and the politics of race and citizenship.* New York, Routledge.

DUMITRESCU, D., (2015): *Aspectos pragmáticos y discursivos del español estadounidense,* Informes del Observatorio, Cambridge, MA, Instituto Cervantes at the Faculty of Arts and Sciences of Harvard University.

DONATO, R., y ADAIR-HAUCK, B., (2016): PACE: A story-based approach for dialogic inquiry about form and meaning. En J. Shrum y E. Glisan (Authors), *Teacher's handbook: Contextualized foreign language instruction* 5th ed. Boston, MA, Cengage Learning, pp 206 – 230.

FAIRCLOUGH, M., (2012): Language assessment. Key theoretical considerations in the academic placement of Spanish heritage language learners. En S. M. Beaudrie and M. Fairclough (Eds.), *Spanish as Heritage Language in the United States. The state of the Field,* Washington, D.C., Georgetown University Press, pp. 259–278.

FAIRCLOUGH, M., (2016): Incorporating additional varieties to the linguistic repertoires of HL learners: A multidialectal model. En M. Fairclough y S. Beaudrie (Eds.), *Innovative Strategies for Heritage Language Teaching: A Practical Guide for the Classroom,* Washington, DC, Georgetown University Press, pp. 143-165.

FLORES, J., (2000): *From Bomba to Hip-Hop,* New York, Columbia University Press.

FLORES, N. y ROSA, J., (2015): Undoing Appropriateness: Raciolinguistic Ideologies and Language Diversity in Education. *Harvard Educational Review,* December 2015, vol. 85, no. 2, pp. 149-171.

FREIRE, P., (2005): *Pedagogy of the Oppressed,* 30th anniversary ed., M. Bergman Ramos, Trans., London, UK, Continuum.

GARCÍA, O., y WEI, L., (2014): *Translanguaging: Language, Bilingualism & Education,* Houndmills, UK, Palgrave Macmillan.

GARCÍA, O., y OTHEGUY, R., (2019): Plurilingualism and translanguaging: Commonalities and divergences, *International Journal of Bilingual Education and Bilingualism*. https://doi.org/10.1080/136700-50.2019.1598932

GIROUX, H. & MCLAREN, P., (1986): Teacher Education and the Politics of Engagement. The Case for Democratic Schooling. *Harvard Educational Review* 56 (3): 213-238.

HALL, S., (1996): Introduction. Who needs 'Identity'? En S. Hall & P. du-Gay (Eds.), *Questions of cultural identity*, London, Sage, pp.1–17.

HALLIDAY, M. A. K. y HASAN, R., (1976): Cohesion in English. London, Longman.

HALLIDAY, M. A. K. y MATTHIESSEN, C., (2014): *Introduction to Functional Grammar, 4ª edition*. New York, Routledge.

HARRÉ, R. y VAN LANGENHOVE, L., (1999): *Positioning Theory: Moral contexts of intentional action*. Oxford, Blackwell.

HORNBERGER, N., y WANG, S. C., (2008): Who are our heritage language learners? Identity and biliteracy in heritage language education in the United States. En D. M. Brinton, O. Kagan y S. Bauckus (Eds.), *Heritage Language Education: A new field emerging*, New York, NY, Routledge, pp. 3-38.

KALANTZIS, M., B. COPE, E. CHAN y L. DELLAY-TRIM, (2016): *Literacies, 2ª edition*, Cambridge, Cambridge University Press.

LACORTE, M., (2016): Teacher development in heritage language education. En M. Fairclough & S. Beaudrie (Eds.), *Innovative strategies for heritage language teaching: A practical guide for the classroom*, Washington, DC, Georgetown University Press, pp. 99–122.

LAVE, J. Y WENGER, E., (1991): *Situated learning. Legitimate peripheral participation*. Cambridge, CUP. doi:10.1017/CBO9780511815355

LEEMAN, J., (2012): Investigating Language Ideologies in Spanish as a Heritage Language. En S.M. Beaudrie y M. Fairclough (Eds.), *Spanish as a Heritage Language in the United States. The State of the Field*, Georgetown University Press, pp. 43-60.

LEEMAN, J., (2018): Critical language awareness and Spanish as a heritage language: challenging the linguistic subordination of US Latinxs. En K. Potowski (Ed.), *Handbook of Spanish as a Minority/Heritage Language*, New York, Routledge, pp. 345–358.

LEEMAN, J. Y E. SERAFINI, (2016): Sociolinguistics for heritage language educators and students: A model for critical translingual competence. En M. Fairclough y S. Beaudrie (Eds.), *Innovative strategies for heritage language teaching: A practical guide for the classroom*, Washington, DC, Georgetown University Press, pp. 56-79.

LIONNET, F.,(1989): *Autobiographical Voices: Race, Gender, Self-Portraiture*, Ithaca, N.Y, Cornell University Press.

MARTÍNEZ, G., (2003): Classroom based dialect awareness in heritage language instruction: A critical applied linguistic approach, *Heritage Language Journal, 1,* 44-57.

MARTÍNEZ, G., (2005): Genres and Genre Chains: Post-Process Perspectives on HL Writing, *Southwest Journal of Linguistics 24*(1&2), 79-90.

MARTÍNEZ, G., (2016): Goals and beyond in heritage language education: from competencies to capabilities. En S. Beaudrie y M. Fairclough (Eds.), *Innovative strategies for heritage language teaching: A practical guide for the classroom,* Washington, DC, Georgetown University Press, pp. 39–55.

MAY, S., (2014): *The multilingual turn: Implications for SLA, TESOL and Bilingual Education,* New York, Routledge.

MODERN LANGUAGE ASSOCIATION, (2007): Foreign Languages and Higher Education: New Structures for a Changed World. *Profession,* (12). pp. 234–245

MOGHADDAM, F. AND HARRÉ, R., (2010): Words, conflicts and political processes. En F. Moghaddam y R. Harré (Eds.), *Words of Conflict, Words of War: How the language we use in political processes sparks fighting,* Santa Barbara, CA, Praeger.

MORENOFERNÁNDEZ, F., (2007): *¿Qué español enseñar?* 2ª. Edición, Arco/Libros.

MORENO-FERNÁNDEZ, F., (2013): *Lingüística y migraciones hispánicas. Lengua y migración,* vol. 5, nº. 2, 2013, pp. 67-89

MORENO-FERNÁNDEZ, F. Y Otero, J., (2007): *Atlas de la lengua española en el mundo,* Fundación Telefónica.

ORGANIZACION DE LAS NACIONES UNIDAS, (2015): Transformar nuestro mundo: la Agenda 2030 para el Desarrollo Sostenible <https://unctad.org/meetings/es/SessionalDocuments/ares70d1_es.pdf>

OTHEGUY, R. y ZENTELLA, A. C., (2012): *Spanish in New York. Language Contact, Dialectal Leveling, and Structural Continuity.* Oxford University Press.

OTHEGUY, R., y STERN, N., (2010): On so-called Spanglish. *International Journal of Bilingualism, 15*(1), 85–100.

PARRA, M. L., (2013a): Exploring individual differences among Spanish heritage learners: Implications for TA training & program development. En C. Sanz & B. Lado (Eds.), *Individual Differences, L2 Development and Language Program Administration: From Theory to Application,* Boston, MA, Cengage, pp. 150-170.

PARRA, M. L., (2013b): Expanding language and cultural competence in advanced heritage- and foreign-language learners through community engagement and work with the arts, *Heritage Language Journal,* 115-142.

PARRA, M. L., (2016a): Understanding identity among Spanish heritage learners. An interdisciplinary endeavor. En D. Pascual (Ed.), *Advances in Spanish as a Heritage Language,* John Benjamins, pp. 177-204. DOI: 10.1075/sibil.49

PARRA, M. L., (2016b): Critical approaches to heritage language instruction: How to foster students' critical consciousness. En M. Fairclough y S. Beaudrie (Eds.), *Innovative Approaches in Heritage Language Teaching: From Research to Practice.* Washington, DC: Georgetown University Press.

PARRA M. L., y DI FABIO, E. G., (2016): Languages in partnership with the visual arts: Implications for curriculum design and training. En L. Parkes., C. Ryan and S. Katz-Bourns (Eds.), *Issues in Language Program Direction: Integrating the Arts: Creative Thinking about FL Curricula and Language Program Direction.* Boston, Cengage. pp.11-36.

PARRA, M. L. y GARCÍA-SELLERS, M. J., (2005): *Comunicación entre la escuela y la familia Fortaleciendo las Bases para el Éxito Escolar,* Piadós, México.

PARRA, M. L., OTERO, A., FLORES, R., y LAVALLÉ, M., (2018): Designing a comprehensive curriculum for advanced Spanish heritage learners: Contributions from the multiliteracies framework. En M. Lacorte y G. Zapata (Eds.), *Multiliteracies Pedagogy and Language Learning. Teaching Spanish to Heritage Speakers,* London, UK, Palgrave Macmillan.

PAVLENKO, A. y BLACKLEDGE, A., (2004): Introduction: New theoretical approaches to the study of negotiation of identities in multilingual contexts. In A. Pavlenko y A. Blackledge (Eds.), *Negotiation of Identities in Multilingual Contexts,* 1-33.

PENNYCOOK. A., (2007): Translanguaging and semiotic assemblages. *International Journal of Multilingualism.* 14 (3), 269-282.

PEW HISPANIC CENTER, (2013): *Between Two Worlds. How Young Latinos Come of Age in America.* <https://www.pewhispanic.org/2009/12/11/between-two-worlds-how-young-latinos-come-of-age-in-america/> Consultado Agosto 2018.

POTOWSKI, K., (2002): "Experiences of Spanish Heritage Speakers in University Foreign Language Courses and Implications for Teacher Training." *ADFL Bulletin 33,* 35-42.

POTOWSKI, K., (2017): *IntraLatino Language and Identity. MexiRican Spanish,* John Benjamins Publishing Company.

POTOWSKI, K., y CARREIRA, M., (2004): Towards Teacher Development and National Standards for Spanish as a Heritage Language. *Foreign Language Annals, 37*(3), 427-437.

PRATT, M. L., (2007): *Imperial eyes: Travel writing and transculturation,* Second edition, London, Routledge.

RICOEUR, P., (1992): *Oneself as another,* Chicago, IL, University of Chicago Press.

RUMBAUT, R. G. y MASSEY, D. S., (2013): Immigration and Language Diversity in the United States. *Daedalus* 142(3): 141–154.

SCHULMAN, L. S., (2005): "Signature Pedagogies in the Professions." *Deadalus* 134: 52-59.

SILVA-CORVALÁN, C., (1994): *Language contact and change. Spanish in Los Angeles.* Oxford, UK, Clarendon Press.

SILVA-CORVALÁN, C., (2014): *Bilingual Language Acquisition: Spanish and English in the First Six Years.* Cambridge, UK, Cambridge University Press,

SILVERSTEIN, M., (2003): The whens and wheres— as well as hows—of ethnolinguistic recognition, *Public Culture* 15(3): 531–557.

SUÁREZ-OROZCO, C. y SUÁREZ-OROZCO, M., (2001): *Children of Immigration,* Cambridge, MA, Harvard University Press.

SUÁREZ-OROZCO, C., HIROKAZU YOSHIKAWA, R., TERANISHI, T., y SUÁREZ-OROZCO, M., (2011): Growing Up in the Shadows.The Developmental Implications of Unauthorized Status. *Harvard Educational Review,* vol.81(3), pp.438-473.

TOMLINSON, C. y MCTIGHE, J., (2006): *Integrating Differentiated Instruction & Understanding by Design: Connecting content and kids,* Association for Supervision and Curriculum Development.

URICUOLI, B., (2008): "Whose Spanish? The Tension between Linguistic Correctness and Cultural Identity." En M. Niño-Murcia y J. Rothman (Eds.), *Bilingualism and Identity Spanish at the Crossroads with other Languages,* Amsterdam, John Benjamins, pp. 257-77.

VALDÉS, G., (2001): Heritage language students: Profiles and possibilities. En J. Peyton y S. McGinnis (Eds.), *Heritage languages in America: Preserving a national resource,* Washington, D.C., Center for Applied Linguistics, pp. 37-77.

VALDÉS, G., (2011): Ethnolinguistic Identity: The challenge of maintaining Spanish-English. En K. Potowski y J. Rothman (Eds.). *Bilingual Youth: Spanish in English-speaking societies.* John Benjamins Publishing. pp. 113-146.

VALDÉS, G. y GEOFFRION-VINCI, M., (1998): Chicano Spanish: The Problem of the Underdeveloped Code in Bilingual Repertoires, *Modern Language Journal* 82: 473-501.

VALDÉS, G. y PARRA, M. L., (2018): Towards the Development of an Analytical Framework for Examining Goals and Pedagogical Approaches in Teaching Language to Heritage Speakers, En Kim Potowski (Ed.), *The Routledge Handbook of Spanish as a Heritage Language.* Routledge.

WIGGINS, G., y MCTIGHE, J., (2005): *Understanding by Design* (expanded 2nd edition), Alexandria, VA, ASCD.

ZENTELLA, A. C., (1990): Lexical leveling in four New York City Spanish dialects: Linguistic and social factors. *Hispania,* 73 (4): 1094-1105.

ZENTELLA, A. C. (1997): *Growing up Bilingual: Puerto Rican Children in New York.* Malden, MA: Wiley-Blackwell.

ZENTELLA, A. C. y OTHEGUY, R., (2009): Discussion on the use of the term "Spanglish" at the Spanish in the U.S. conference. http://potowski. org/sites/potowski.org/files/articles/attachments/Summary_debate_Spanglish_Zentella%20_Otheguy.pdf

Colección: *Cuadernos de Didáctica*
Dirección: FRANCISCO MORENO FERNÁNDEZ

Títulos publicados:

Ágreda, E. de: *Técnicas teatrales en ELE*.
Alvar Ezquerra, M.: *La enseñanza del léxico y el uso del diccionario*.
Antón, M.: *Métodos de evaluación de ELE* (2ª ed.).
Arrarte, G. y J. Sánchez de Villapadierna: *Internet y la enseñanza del español*.
Baralo, M.: *La adquisición del español como lengua extranjera* (4ª ed.).
Barbieri Durão, A. B. de A.: *La interlengua*.
Bravo García, E.: *El español internacional*.
Burgo, C.: *Clases mixtas: L2 y lengua de herencia*.
Cassany, D.: *Expresión escrita en L2/ELE* (3ª ed.).
Cestero Mancera, A. Mª: *Comunicación no verbal y enseñanza de lenguas extranjeras* (2ª ed.).
— : *Conversación y enseñanza de lenguas extranjeras*.
Cordero Seva, E.: *Pragmática infantil y enseñanza de español para niños*.
Eres Fernández, I. G. M. y Rádis Baptista, L. M. T.: *La enseñanza de lenguas extranjeras y la evaluación*.
Fernández, C. R.: Input *destacado y adquisición de la gramática*.
Fernández Colomer, Mª J. y M. Albelda Marco: *La enseñanza de la conversación coloquial*.
Fernández-Conde, M.: *La enseñanza de la cultura en la clase de español de los negocios*.
Francisco, L.: *Motivación y segundas lenguas*.
Fuentes, C.: *La gramática de la cortesía en español/LE*.
García Santa-Cecilia, Á.: *Cómo se diseña un curso de lengua extranjera* (3ª ed.).
Gelabert, Mª J.; I. Bueso y P. Benítez: *Producción de materiales para la enseñanza del español*.
Guerra, L. y Ueda, H.: *Producción y evaluación de materiales didácticos audiovisuales*.
Gutiérrez Quintana, E.: *Enseñar español desde un enfoque funcional*.
Hidalgo Navarro, A. y Cabedo Nebot, A.: *La enseñanza de la entonación en el aula de E/LE*.

Higueras, M.: *Las colocaciones y su enseñanza en la clase de E/LE.*
Jiménez-Ramírez, J.: *La enseñanza de cultura.*
López García, Á.: *Comprensión oral del español.*
Lorenzo, F.: *Motivación y segundas lenguas.*
Martí Sánchez, M.: *Los marcadores en español L/E: conectores discursivos y operadores pragmáticos.*
Martín García, J.: *El diccionario en la enseñanza del español.*
Morante, R.: *El desarrollo del conocimiento léxico en segundas lenguas.*
Moreno Fernández, F.: *Producción, expresión e interacción oral.*
Moreno Fernández, F.: *Qué español enseñar* (2ª ed.).
Nauta, J. P.: *La prensa escrita en la enseñanza del español como lengua extranjera.*
Nogueroles López, M. y A. Blanco Canales: *Las estrategias de aprendizaje de segundas lenguas.*
Parra Velasco, Mª. L.: *Enseñanza y juventud latina.*
Penadés Martínez, I.: *La enseñanza de las unidades fraseológicas.*
Pérez Serrano, M.: *La enseñanza-aprendizaje del vocabulario en ELE desde los enfoques léxicos.*
Pons Bordería, S.: *La enseñanza de la pragmática en la clase de español 2/L.*
Potowski, K.: *Fundamentos de la enseñanza del español a hispanohablantes en los Estados Unidos* (2ª ed.).
Preston, P. y R. Young: *Adquisición de segundas lenguas: variación y contexto social.*
Regueiro Rodríguez, Mª. L.: *La programación didáctica ELE. Pautas para el diseño de la programación de un curso ELE* (2ª ed.).
Regueiro Rodríguez, Mª. L.: *Unidades, estrategias y técnicas didácticas en ELE.*
Santos Gargallo, I.: *Lingüística aplicada a la enseñanza-aprendizaje del español 2/L* (5ª ed.).
Santos Gargallo, I. y A. Hernando Velasco: *Cómo hacer un buen TFM en enseñanza del español como lengua extranjera.*
Santos Sánchez, D.: *Teatro y Enseñanza de Lenguas.*
Silvagni, F.: *¿Ser o estar? Un modelo didáctico.*
Söhrman, I.: *La lingüística contrastiva como herramienta para la enseñanza de lenguas.*
Torijano Pérez, J. A.: *Errores de aprendizaje, aprendizaje de los errores.*
Trovato, G.: *Mediación lingüística y enseñanza de español/LE* (2ª ed.).
Velázquez Puerto, K.: *La enseñanza-aprendizaje de fraseología en ELE.*